教育現場

做學生的朋友

楊寒——著

《教育現場做學生的朋友》體現楊寒教授的精湛學養和教育熱誠，讀其書可以更新前線教師的認知，兼且為課堂重新注滿力量。

——馮慧安（國際文藝研究中心）

楊寒教授《教育現場做學生的朋友》非常寫實地描繪出不同類型的老師與不同類型的學生能產生不一樣的化學作用，不論讀者是老師或學生，讀畢這本書，都定能對教與學有更深的感受。這本書亦有助老師更得心應手地進行教學，讓課堂增添一分生氣，讓學生更享受學習。

——余國樑（香港專業進修學校講師）

在學校工作了大約兩年，與不同種類的學生相處過，可說是嘗盡甜苦。回想在學校工作的首三月，我把自己的身份抬得高高的：我是導師，他們是學生，他們就要聽我的，尊重我，因此經常擺出一副架子。當然，

這種心態讓我飽受打擊及挫折，本以為學生會乖乖遵從，卻遭他們惡言相對，彼此之間更存有敵對關係。每天工作都需要面對學生，卻不能與學生好好相處，我開始感到徬徨無助。

為了尋求解決辦法，我向身邊的老師請求指教，又抽時間與學生多作溝通。在過程中，我明白到當老師的不一定要經常黑起口面；反之放下身段，與學生打成一片，會有更好的效果——「教學現場做學生的朋友」！要做到亦師亦友是一門學問，深信大家看過楊寒教授的新作，也能夠更有效與學生建立良好關係，使教學的每個方面都更有成效！

——李嘉勇（保良局姚連生中學活動助理）

一直很喜歡益州的文章，他總以一種輕鬆迷人的筆調吸引著我們進到他書裡的世界，所以，當他請我寫推薦時，毫不考慮地馬上答應。一面看著益州的文章，一面思考著在孩子眼裡，我是怎樣的老師？也反省著教學

的過程裡，我，扮演的又是哪個〝類型〞的人師？對孩子有怎樣的影響？坦白說，當了這麼久的老師，我還從未認真思考過這些問題哩。

回想求學的過程，也許是個性使然，我挺喜歡獅子型的教練或老師耶！至少，團體的紀律是嚴明的，這樣我才會比較嚴格的鞭笞自己，當然，這頭獅子不能是情緒失控的待產母獅，那學生真的就只會記得他的兇猛，感受不到老師的善意囉。另外，我覺得貓頭鷹老師也不賴，可以防止我的懶散，又能給我很多很多知識，也可督促自己主動學習。這兩類老師，對我來說都很棒。

在自己的教學現場呢，總認為分數不是分類學生優劣與否的標竿，我給孩子的分數，代表著他努力的程度，學生的「態度」才是面對社會的致勝關鍵。當老師的總期望學生在我們的精神感召之下，能成為一個端莊得體、進退有禮、人際關係良好、能為自己人生負責的孩子，不是嗎？

讀完益州的這本書後，雖然，我仍無法視學生為朋友，可能是因為他們都是未滿十二歲的孩子，有許多的是非對錯還需要「獅子」來導正，所以，應該沒有一隻小白兔願意與獅子為友吧！畢竟，他們不是漂流在海上的少年PI呀；就算我想，他們也不敢吧！呵！呵！

這是一本很有趣的書，給了我很多在教學時的省思，尤其書末，益州分享了成為迷人教師的準備，與自己過往的經驗，嘩！能當益州的學生，真的很幸福耶！值得推薦給在教育現場的我們共同閱讀唷！

——朱苑綺（花蓮縣明義國小教師）

閱讀楊寒老師的著作「教育現場：做學生的朋友！」一書，閱讀的很輕鬆，卻句句寫出第一線教師的教學寫照。於第一章「你是什麼樣的教師特質？」中楊老師依據美國心理學家馬斯頓博士（Dr. WillianMoullton Marston）所發展出來的「DISC」理論，將老師略分為四種類型，例如支配型的

「獅子」老師、影響型的「孔雀」老師、穩健型的「無尾熊」老師和分析型的「貓頭鷹」老師，也分析了這四種不同類型的老師的優、缺點。身為第一線現場教師的我不禁想一想自己是屬於哪種類型的老師，在閱讀的過程中也對自己的教學風格和方法做了一番省思。

於第二章「你的學生有什麼特質？」中提出第一線教師必須注意因學習風氣的差異而教學目標、方法有所不同，相同的課程放置在不同學習風氣的學生身上，其整體的學習成效是落差很大的。我教過幾所大學的學生，這幾所大學的學生學習風氣差異很大，在以中文為主修科系的學生，自主學習風氣比較好，中高級班學生喜歡高難度、深入運用和思考的主題式或任務型課程。在以中文做為外語選修課程的學生，學習風氣比較被動，首要問題是如何吸引學生喜歡上課進而喜歡學習中文，尤其身處在語言隔閡的國家，零起點學生如何透過你的課程耐住性子坐在台下聽講和參與課程活動，對一位華語教師來說這是相當大的挑戰。我想如同作者所提出的觀點「做學生的朋友」，這是最重要也是一開始就必需做的事情。

當一位華語教師走出教室並不代表中文課程結束，其實是教室的延伸，是把上課訓練成果融入真實生活中的另一個大教室。當學生們在校園看到你時，喜歡大聲喊叫「老師」「老師」，直到你看到他或他們為止。學生會想盡辦法用已學過的中文問候你「老師，你去哪兒？」、「老師，中午你吃什麼？」、「請老師喝咖啡。」、「老師，再見！」、「老師，晚安！」等。這是零起點學生們所記得的句子，每當我聽到這些，我很感動。除了這種不期而遇的互動之外，還有手機簡訊、e-mail和臉書Facebook。中高級班學生喜歡使用簡訊、e-mail、臉書Facebook和老師互動。我也喜歡運用臉書和學生互動，我們會在臉書上交換意見、訊息或是回答學生們的問題。

閱讀這本書讓我們重新思考自己的教師特質，提醒自己做「做學生的朋友」，成為學生「能說話的對象」的老師，教學相長，讓學生真正愛上學習，享受學習樂趣。因為我知，所以我有勇氣迎向未來！

——游奇英
（胡志明市體育大學外語部 華語專任講師
駱鴻大學東方學系中國專業科目 華語兼任講師）

學習儲蓄，有生活的教戰守策；學習作文，有作文的遵循法則；面對考試，有考前重點整理書；面對人際關係，有琳瑯滿目的「教你如何……」，那麼當一位老師呢？有沒有專屬於「作為老師」的學習說明書？《教育現場：做學生的朋友！！》是一本屬於老師的說明書。楊寒在教師與學生的身分中轉換，自實際的經歷中提供作為一位老師應當留意的看法，誠摯而動人。值得分享。

——劉士作（文講師民）

本書適合所有為師者閱讀：給新手教師建立課堂經營的準則，也提出課室管理遇到問題時應有的思考；給有教學經驗的教師提供省思的機會——我們在學生眼中是哪一種獸？我們應該如何吸收各種典型獸類的特質，加以轉化、融合，因時制宜地面對台下各類型學生和不同的教學現場？楊寒所提供的幾個典型人格，對其分類、分析，同時提醒我們與那些類型的人交往時可能遇見的狀況。因此本書不只是新一代教師的課堂戰略，也可以說是人與人之間應對進退、交朋友的參考手冊。

——趙晨妤（中山大學華語中心教師）

儘管在不同工作單位裡都曾聽到同事提點：「對學生仁慈，即是對自己殘忍。」甚至有時，學生的回應也在在印證了同事的話——捷進升遷後竟就直呼師名；由朝夕相處變成刻意失聯；而有時學生在網上一句「生病了」，也會為我的擔憂添火加柴（而不是加薪）；其家人離世，同樣把我

刺痛……「教學現場做學生的朋友」卻是我始終不改的初心。

感謝楊寒教授的新作，呼召更多從事教育者一起為學生「愛到心也受創」，卻依然「九死未悔」——因為教育不僅是工作，更是事業。

——余境熹（許多人的兄長與父親、香港專業進修學校講師）

自序

楊寒

現在學生經常覺得上課所學的內容在社會上用不到或者沒有興趣上這門課，因此在課堂上表現不夠理想，而老師為了配合學生的表現經常降低評分標準或者刻意用活動、互動等教學法試圖提振學生的專注力。

這是一件令人沮喪和對社會未來憂心的事情，當臺灣各級學校的老師紛紛降低對學生的要求而學生也不會自我要求，我們只會在校園裡培育更糟糕的下一代，而總是在課堂上以活動或互動的方式活絡教室的學習氣氛，這種方式如果出現在大學課堂上，總會讓我想起這是幼稚園教育或是小學的唱遊課嗎？

我們必須期望學生更專注學問，嚴肅地面對學習這件事，如果學校老師為了「沒有學習興趣的學生」刻意降低課程難度和評量標準，那學生們怎麼能期待在學校所學的內容能夠符合社會職場上的嚴苛期待？

我想一個老師不能夠只有單調或片面地要求學生用功讀書或者給予成績，更需要刺激學生思考在課堂上所學的知識如何啟發自己的生命？

我們無法期待學生時代所修習的每一門課在社會或未來人生剛好可以派上用場，但老師可以告訴學生每一門課的經歷都可以是一次嚴謹的學術訓練，幫助學生訓練自己的思考、訓練解決問題的能力。

在教育現場當中，我們太習慣於「老師」是傳達課本內容的角色，當學生開始輕忽學問、覺得學問沒什麼用處的時候，老師更應該走下講台，好好地從生命的角度詮釋關於學問的故事。

每個當老師的人都應該有自己的優點和特色，發揮自己的優點和特色期待自己有限度地和學生從「朋友」的立場出發，好好溝通、協調，找出彼此共同尊重學問的方式是一件重要的大事。

然而，我認為「不放棄每個學生」而想要把每個學生都往教師理想的目標拉拔其實是教育者的傲慢，因為我們教師無法限制或成就學生不平凡的人生，如果學生上課時喜歡在課本上塗鴉，說不定他是未來的大漫畫家、如果學生想休學工作，說不定他將成為企業家，一個老師終究只能像朋友一樣「關注」和「陪伴」，而不是強制學生應該做什麼而不應該做什麼。

重點是，我們該好好跟學生說話去發現學生在某些選擇下的背後動機。

當然，我們也可以發現有些孩子在課堂上不論怎樣都想拒絕老師這樣的朋友，我們無法要求所有的人都當我們的朋友，同樣也無法要求所有的學生都對老師友善，但我們期待這些孩子能保持人與人的尊重，以「最低限度的方式」來學習學問或者溝通並期待他們用自己的方式為自己的人生負責。

希望藉由《教育現場：做學生的朋友》這本書，能讓更多的教師們更發揮自己的專長，教導學生重視生命、重視學問。

2013/1/4 台中清水

目次

第一章　你是什麼樣的教師特質？

很多老師覺得現在的孩子越來越不「尊師重道」，所以得擺起老師的威嚴，並利用威嚴來經營班級的學習氣氛，希望學生能在教室裡專心上課、好好學習。

有一次我在參加教師研習時，某位受邀來分享教學心得的講師就主張在課堂上得更嚴格要求學生。

例如，在大學的課堂上遲到就不准進教室、咄咄逼人的詢問法、問了問題學生一定就得回答，不然就停止上課、每星期都要檢查作業。雖然許多人推崇這位講師的教學法，但是恐怕更多老師只是停留在推崇，實際上不敢或不會實際仿效這位講師的教學法。

為什麼呢？

因為這樣的教學法只恐怕造成更嚴重的師生對立。在科系屬性比較文靜（例如文學相關科系）、學習自主性比較高的班級，老師或許可以扮演起「嚴師」的角色；可是在夜間進修部的課程、學習自主性比較不那麼高的學校，這位要求對學生「嚴格」的講師恐怕下課後就會被拖出去校園裡挨拳頭了！

事實上，在某些大專院校中，的確偶有耳聞學生揍老師的事情，而這種事情確實已經是不值得媒體大書特書的新聞，這是那些只待在某些特定校園裡的名師沒有注意到的現象。

用教育理論精心構造的「班級經營」，能否好好處理這種情況呢？

老實說，我們能想像男孩子們看了「如何搭訕正妹」之類的書籍，就能真正應用在街頭看到的正妹身上嗎？

肯定不能，為什麼？

因為「理論終究是理論」，一個文學理論家不一定是知名作家或暢銷作家。很有可能有這樣一位中文學者，因為讀了太多韓愈、柳宗元的散文，懂太多文學理論、修辭和結構方法，反而自己動筆寫作時太過小心翼翼，怕沒辦法像名散文家、理論那樣寫出完美的好文章，寫出來的文章反而無法表現自己的思想情感。

所以，熟讀文學理論不一定讓我們成為作家，個人也以為「教學」除了教育理論外，更應該好好的把自己放在教學現場。

對於教學，我們是在「與人互動」啊！我們必須瞭解學生，甚至進一步當學生的朋友，做學生的助力。

至少，我們要瞭解和學生互動時，學生會不會害怕老師帶來的壓迫威脅，讓他有個很糟的學習環境？讓學生喜歡和老師互動，可能會給學生很棒的影響喲！

記得我在靜宜大學英文系上「閱讀與書寫」這門課時，曾經問班上同學為什麼會選擇英文系就讀，絕大部分的學生都跟我說，因為小時候很喜歡英語補習班的老師，覺得英語補習班的課程很有趣！我不知道其他學校外文系的同學是否也因此選擇了外語系來就讀，但這可以是我們身為一個老師努力的地方，讓學生認同我們、喜歡跟老師互動。

但我們無須為了讓學生覺得上課有趣，就在網路上蒐集笑話大全，把笑話列印下來貼在課本上，適時在學生想打瞌睡時拋出一則笑話……，雖然這也是一個好方法，卻不是最好的方式。

為什麼我會認為這樣的方式不是最好的方式？

一個不適合走搞笑風趣路線的老師，為了努力迎合學生而特地去搞笑、說笑話，其實會有一點假假的，雖然學生會看得出「哦！這個老師為了我們很努力！」會有一點感動，可是這樣實在太做作，有時會適得其反。

我們得知道自己是什麼樣的人，才能知道怎麼發揮自己的特質與學生相處。

舉例來說，一個男孩想和一個有點熟識的女孩變成男女朋友，這個男孩得先瞭解自己的優缺點，例如：

◎我的優點就是會唱歌，所以我想約她去KTV，唱情歌給她聽，保證一曲定情。

◎我的優點就是會搞笑，我只要約她出去玩，保證讓她笑聲不斷，讓她覺得跟我在一起很快樂！

◎我的優點就是喜歡讀書，也許我們可以約在咖啡館，好好討論彼此喜愛的書籍。

◎我的優點就是會畫畫，我可以把她最美的樣子畫下來，用圖畫感動她。

◎我的優點就是會寫作，我可以寫一首情詩給她，甚至把這首詩投稿到報社或詩刊，印成鉛字送給她。

好了，這本書並不是把妹秘訣，而是很正經地和大家分享教學心得，所以僅羅列至此。不過，像獲得情人的心一樣，我們想贏得學生的心，首先要先知道自己的優缺點，知道自己是什麼樣的老師，才能利用自己的優勢和特色來教學。

要知道我們是什麼樣類型的老師，可以參考美國心理學家馬斯頓博士（Dr.Willian Moullton Marston）於上個世紀二十年代所發展出來的「DISC」理論，「DISC」是一套將人類行為和情緒分類的方式，DISC是人類四種典型情緒及行為的縮寫，馬斯頓博士將人類行為分為：

◎支配型（Dominance）

支配型的性格可用「獅子」作為代表，喜歡支配別人、具有果斷力、善於管理、行動目標明確、熱愛挑戰，是企業家、管理階層的典型性格。

◎影響型（Influence）

影響型的性格可用「孔雀」作為代表，喜愛表現自己進而影響他人，喜愛交朋友、喜愛舞台，很享受眾人注視的目光，很有自己的想法也樂於和別人分享自己的心情，是廣告創意人才、舞台表演人才。

◎穩健型（Steadiness）

穩健型的性格可用「無尾熊」作為代表，比較溫和、喜歡安定，會默默地完成自己的工作，也習慣傾聽或默默支持別人行動的性格，會給人溫暖、可信賴的感覺。

◎分析型（Compliance）

分析型的性格可用「貓頭鷹」作為代表，善於分析、充滿理性的睿智，喜愛思考和規劃事項，面對問題總能以最冷靜和理性的角度處理，適合當工程師或學術研究人員。

依據馬斯頓博士的分類，有沒有哪一種類型的人最適合當老師呢？我們仔細看來，每一類型好像都適合當老師，但每一類型都有不適合的地方，以下就這種類型的人格來進行討論。

一、支配型（Dominance）：支配型性格可用「獅子」作為代表的老師

台灣著名的詩人蘇紹連曾寫過一首名為〈獸〉的散文詩，這首詩收錄如下：

我在暗綠的黑板上寫了一隻字「獸」，加上注音「ㄕㄡˋ」，轉身面向全班的小學生，開始教這個字。教了一整個上午，費盡心血，他們仍然不懂，只是一直瞪著我，我苦惱極了。背後的黑板是暗綠色的叢林，白白的粉筆字「獸」蹲伏在黑板上，向我咆哮，我拿起板擦，欲將牠擦掉，牠卻奔入叢林裏，我追進去，四處奔尋，

一直到白白的粉筆屑落滿了講臺上。

我從黑板裏奔出來，站在講臺上，衣服被獸爪撕破，指甲裏有血跡，耳朵裏有蟲聲，低頭一看，令我不能置信，我竟變成四隻腳而全身生毛的脊椎動物，我吼著：「這就是獸！這就是獸！」小學生們都嚇哭了。

這首散文詩中的老師非常熱心且用心的教學，無奈學生都聽不懂，最後作者用超現實的寫法描寫老師化身為「獸」，學生應該都懂了！可是學生們都被嚇哭了。

在我們的校園中，也有一些情緒典型屬於「獅子」的老師，教學嚴謹認真且頗有威儀，對學生要求相對嚴格，這樣能保證學生在課堂上學到東西，但是這樣的師生關係相對緊張，教室裡的氣氛也會很不好。

在我還在讀書的時候，曾有某個學妹跟我抱怨某位老師總是喜怒無常、常常在上課時發脾氣。她說，有一週上課的時候，這位老師沒什麼情緒，跟大家有說有笑，但突然因為某位同學沒交作業，就開始大發脾氣，花了半節課數落這位同學和全班的學習風氣，接著這一週大家上課的氣氛都很沈悶。

因為那位沒交作業的同學挑戰了身為「獅子」教師的權威，所以「獅子」發怒了，化身為「獸」，連帶把教室內（獸欄裡）的其他同學都咬了一遍。

出於人性的信任和對教師的尊敬，我們相信這位老師的出發點也是好的，他希望藉由生氣去支配學生的學習，積極地管理每一位同學的學習進度。而那位忘記交作業的同學接下來可能有兩種反應。

哪兩種反應呢？

記取這次教訓，下次一定乖乖記得寫作業。

決心抗拒到底，自我放棄，這門課就讓它不及格好了。

當然「獅子」老師無法控制學生會有什麼樣的反應，但不管學生是哪種反應，這次的事件恐怕會在學生腦海裡造成陰影，讓他不喜歡這門學科，而且如果同樣碰上了「獅子」性格的學生，當場辱罵老師、揍老師都是可能發生的事，「獅子」老師這樣處理學生作業未交的情況可能就不太妥當。

我在讀書時也遇過一個相當嚴格的「獅子」老師，上他的課幾乎每堂課、每個同學都被點名起來問問題，有時問完一個問題後，老師緊迫盯人地從學生的回答裡又找問題，不斷刺激學生思考。

如果不符合老師的預期，很可能就被罰站聽訓，而這位老師罵人的功夫比起剛剛那個「獅子」老師也不遑多讓，可以一罵就罵個半小時，而且罵人都不帶髒字。這位「獅子」老師的教學方法讓我們收穫很多，每次上課前總是得花好幾個小時預習。

我常為了上這位「獅子」老師的課而緊張到胃痛，聽說有學妹上這位老師的課前一天一定失眠，有時想到「誤選」了這位老師的課還會哭出來。

教學，並不是用教師身分的權威去壓迫、驅使學生學習，雖然這樣的方式最快、學生學習成效能立竿見影，可是難免扼殺了學生對這門科目的興趣，身為一個老師不但要為學生這學期的學習成效著想，更重要的是，這一學期的學習會給學生往後的人生帶來什麼樣的影響？

「獅子」的人格特質可以是很好的企業家，訂下營運目標並積極地管理員工，不斷擴張企業營運的版圖，使公司業務蒸蒸日上，我們能想到台灣成功的企業家幾乎都帶有「獅子」的情緒典型。但純粹的「獅子」性格卻不是一個好老師，「獅子」老師幾乎與學生處於對立面或者上對下的部屬關係。

我想對「獅子」老師說，學生不是你的敵人也不是你的員工啊！您用威嚇、脅迫甚至帶怒氣地批判來對待學生，使學生在被動的情況下驅使自己學習，學生縱在學期末得到了好成績，但讓他往後的人生討厭這個學科，您身為老師卻扼殺了學生朝這一個學科發展的可能，這是很糟糕的事。

還記得我們前面提到，我教過的靜宜大學那一班英文系的同學嗎？他們都因為喜歡補習班的英語課而愛上英文，並且在大學的科系上選擇了英文系。

我們應該更深刻思考的是，我們有沒有辦法讓學生不討厭我們上課的科目，然後更進一步讓學生們喜歡這門課。

當然，對大學通識課老師而言，這顯然是一個相當困難的挑戰。因為選修通識課的學生多是非本科系的同學，他們大部分因為不喜歡這門學科、對這門學科沒有熱情，因此在大學裡選了其他科系作為主修科目，而我們的通識課也不一定對所選修的學生往後人生會產生重大的影響（或許有影響或許沒有），所以通識課的老師不必把自己當成「獅子」，要求學生一定得積極學習、盡最大努力來用功，只要能引發同學對這門科目有小小的興趣，增加他們的生命視野也就足夠了。

至於開設本科系科目課程的「獅子」老師們呢？難道「獅子」老師們不應該覺得，只要能讓學生對這個科目有興趣、學習有樂趣，就能讓學生主動學習、找到開啟自己人生專業之門的鑰匙？

不要讓自己化身為凶猛的「獸」，您以為那樣學生會尊敬你，但其實是害怕您！老師真正應該要做的是「引導」學生學習的方向，而不是有如「獅之王者」，「管理」學生學習的方向。

請放棄讓自己成為一隻典型「獅子」的老師。

二、影響型（Influence）性格可用「孔雀」作為代表的老師

孔雀型的老師是最有魅力的老師，是大家談論的焦點。這樣的老師會很注意穿著打扮，如果是孔雀型的中、小學老師，應該是很多異性學生暗戀的對象。

老師是應該吸引學生的目光的，尤其在上課的時候讓同學們的目光都集中在自己身上，但「孔雀」老師們太愛展現自我了，反而上課內容比較空洞、沒辦法條理分明地論述課文。

就讀中學時有這樣一位男老師，身材修長、說話非常風趣、喜歡打籃

球，大學時是學校籃球校隊。他上課時準備了很多笑話，當學生昏昏欲睡時他就拋出一個笑話，偶而提及自己的家庭和小孩，談到正在讀幼稚園的小孩發生的生活趣事，上這位老師的課很有趣，很少會有無聊的時候。

但現在想起來，他就像很多同學口中上課都講自己的事、都講無聊的事的老師，常常把講台當成自己的舞台，然後整個教室就是「談話性節目」的攝影棚。在這種老師身上，我們可以知道老師的生活、家庭背景、習慣、興趣，也可以知道老師有幾個小孩、什麼時候跟師母吵架，對於教科書裡面的內容卻比較沒有印象。

但話說回來，這位老師是我少數目前還有印象的中學老師。

我還記得老師說，每隔三、四天，他一定要去牛排館吃牛排，補充營養和熱量，這讓當時零用錢很少的我欣羨不已……（是的，這跟課本內容無關，可是我記住了！我也記得老師風趣的樣子，相信他是當時全班很多男同學覺得可以追隨仿效的偶像）。

也有這樣一位女老師，她是一位非常漂亮的老師，彷彿應該生活在鎂光燈下那樣耀眼，在校園裡看到她就好像看到漂亮的女大學生或者電影明星，很多人喜歡上她的課。

如果外校的朋友詢問這位老師上課的內容時，修過她課程的同學通常會說，這位老師很活潑開朗就像麻吉一樣，而且她對待學生很親切，常會請學生吃東西，從來沒有兇過學生，上課時總是笑語不斷，可以聽到她講很多文學界或學術界的八卦，我很喜歡這位老師，她開的每一門課，我一定都會修。

「孔雀」老師是學生們的偶像。說真的，以一個老師的身分，我蠻羨慕孔雀型的老師，這樣的老師不必擔心學生上課做其他的事，很輕鬆地掌握了全班同學的目光，也能輕而易舉地營造愉快的學習風氣。

我之所以會嘗試寫詩、寫小說到出版詩集和小說集，也可以說是受到「孔雀」老師的偶像效應影響，「孔雀」般偶像型的老師確實能夠打動很多學生的心。

「孔雀」老師在校園裡就像明星藝人，擁有非常棒的影響力。但「孔雀」老師對學生的影響通常是在課業以外的。換言之，是老師本身吸引了學生，而不是「學問」吸引了學生。

學生喜歡這位老師不代表學生喜歡老師開的這門課所傳遞的學問。

原因是「孔雀」老師常不自覺把講台當成舞台，在教室表現自我的形象、人格特質、喜好興趣、價值觀，而稍微忽略了「啊！教室原來是傳遞學問的地方」。而「孔雀」老師在課堂上即使依照課本來上課，所要傳達的東西也通常是自己的理念、自己的想法，常會說：「我覺得這段課文……我想這位學者的說法……我認為這個問題應該……」

「孔雀」老師不太會在上課時咄咄逼人問學生問題，也沒有耐心引導學生思考問題，因為上課時間就是他們的表演時間，他們會很熱情地運用每一分、每一秒來上課，來傳達他們所要闡釋的學問。

「孔雀」老師就像孔雀開屏般，不斷對學生展現自我，這樣的老師不太會注意到學生們學到什麼，也不會像「獅子」老師那樣近乎帶威脅性地關心學生的學習狀況，也可以說典型「孔雀」老師根本不在意學生學到什麼，他們更在意自己對學生傳達了什麼而已。

現在，我們可能發現典型「孔雀」老師們的問題了！

「孔雀」老師很吸引學生的注意，他們也很有影響力，能輕易說服學生，引導學生親近自己。可是「孔雀」老師們不會注意到學生的學習細節，「孔雀」老師們很熱情，卻又太以自我為中心，有時會過於樂觀看待學生的問題，認為和學生相處愉快，學生自然就能好好學習、有好的成績。

師生間相處愉快和引發學生學習興趣可是兩回事耶！

所以「孔雀」老師需要學習的是，在教室裡老師可能不是主角，不要急著「孔雀開屏」，那教室裡的主角是誰呢？

是「學生」還是「學問」？

如果是純粹「無尾熊」典型的老師，可能把「學生」當成主角。

純粹「貓頭鷹」典型的理性老師，可能把「學問」當成主角。

當然，比較圓滑的說法是，「老師」、「學生」和「學問」，三者都很重要。

三、穩健型（Steadiness）性格可用「無尾熊」作為代表的老師

穩健型的「無尾熊」老師，就像我們想像的澳洲無尾熊那樣。緊抓著樹幹，眼神溫和，沒有攻擊性，我們很難想像典型「無尾熊」的老師會像「獅子」老師那樣大聲咆哮。

「無尾熊」老師不太罵學生，即使學生犯錯時也總是溫和、不動怒，但你可以從「無尾熊」老師眼中看出他不願說出的傷心，學生做錯事、不用功，他會怪自己比較多；當學生要考試、參加比賽時，他會當學生的後盾，默默支持學生努力。

可是在學生眼中，這樣的老師是「平易可欺」的好好先生。

曾經有位和我一樣在兼課的同事，他是個性非常好的「無尾熊」老師，我們一樣都不屬於「孔雀」型或「獅子」型的老師，沒辦法輕易吸引學生目光、把講台當成舞台般展現個人魅力，也不會像「獅子」那樣咄咄逼人，全盤掌控教室秩序，所以他的課堂不是鬧哄哄就是一片死氣沈沈。可是，他真的是一位非常關心學生的老師，我們兩人常在走廊上遇到，偶然聊起如何教學才能引發學生學習興趣、要怎麼樣才能提升學生出席率、好好維持教室秩序……，他很擔心學生浪費了學費、浪費了一學期的時間，最後什麼收穫都沒有。

他在課堂上對學生講過他的擔心，希望學生能夠稍微用功一點，可是「無尾熊」老師屬於默默支持、傾聽學生的類型，學生聊天的繼續聊天、睡覺的繼續睡覺、玩手機ａｐｐ的繼續玩手機ａｐｐ，他覺得很沮喪無力。

有幾個心思細膩的女學生發現了「無尾熊」老師的沮喪，會勸老師說：「老師別難過啦！我們班就是這個樣子，你是最好的老師！」

「無尾熊」老師稍微得到安慰，可是教室的學習情況還是一樣，同學們無心上這堂課。

事實上，很多老師上了通識課都會變成「無尾熊」老師，「無尾熊」老師是溫和、沒有聲音的，努力準備教材、用心上課，期待學生主動學習、主動發問、對學習有熱忱。但「無尾熊」老師不夠耀眼、不夠有吸引力，而且也沒有命令學生得好好用功的「獅子」魄力，因此很難引發學生學習的動力。

我中學時也遇過很溫和的「無尾熊」國文老師和英文老師，大概喜歡文學、把文學當主修科目的老師多半都性情溫和，待人處事都溫柔敦厚、謙謙有禮。先說說英文老師好了。

英文老師是位一臉和氣的老好人，年紀大約四十歲到五十歲間，我的英文很差，但他發英文考卷時從來不為我們這些成績差的同學生氣，只是一臉憂心忡忡地凝視我們，然後露出和煦陽光般的笑容，希望我們能夠加油。

有時候我運氣好，寫對了克漏字填充或多猜對幾題選擇題，他就非常高興我的成績有進步，他知道我喜歡寫作，就鼓勵年輕的我好好寫作，朝自己的理想前進。

對我來說，他是一個很棒的老師，是一個打從心裡鼓勵學生、支持學生的老師，我在他的指導下沒有壓力，可是我的英文也沒有進步。

再來說說另一位「無尾熊」老師，她是國文老師。

話說我讀了中文系那麼多年，最後拿到了博士還出了一些書，理應在中學時期就發現自己對文學的興趣，一定很認真上國文課吧？

才不哩！雖然我對文學有興趣，可是我遇到的是一個蠻典型的「無尾熊」老師，對待學生非常友善，只要學生國文成績還可以，即使上課看漫畫書或其他科目的書她都能包容，只是偶爾當她走過不專心的同學身邊時，會看見她那憂鬱得如同濃愁夜色的眼睛，那雙為了學生不專心上課而幾乎可以擰出淚水的眼睛來。她是一個像家人、像媽媽或姊姊那樣親切友善的老師。

有人會對媽媽或姊姊說的話一絲不苟地去執行嗎？例如媽媽說「吃飯不要看電視」、「晚上十一點前要上床睡覺」、「自己一個人住在外面，每天一定要吃水果」……

我們承認媽媽和「無尾熊」老師說的話都是對的、也都是為我們好的，可是我們一時間很難準確地達成命令。

所以我在「無尾熊」國文老師的課堂上，雖然沒有囂張地拿出漫畫書來看，但也時常心不在焉。例如老師還在講課文作者題解的部分，我就先翻到課文和註釋的地方來閱讀，或者趁上課時間好好把整學期的國文課本讀完，或是翻國文參考書看老師的講解在參考書的哪裡可以找到？

擔任班級幹部的同學也常向「無尾熊」老師借國文課來開個短暫的班會，討論一下班級活動的事項，或者挪用上課時間跑去幫其他科任老師做事，雖然大家都喜歡「無尾熊」國文老師，畢業以後也多少會回味、討論這位國文老師上課的情景，可是當時大家都沒有認真上國文課。

因此，典型的「無尾熊」性格也不適合擔任老師，「無尾熊」老師會關心同學、默默支持學生，有點把學生當成家人照顧，大家也都知道「無尾熊」老師是關心學生的，可是在學業上、在教室裡就是不會好好聽「無尾熊」老師上課。

就像澳洲的無尾熊一樣，「無尾熊」老師太溫和、太沒有存在感了。

如果無尾熊老師稍微學習一下「獅子」性格，那應該會給學生更多的收穫！

四、分析型（Compliance）性格可用「貓頭鷹」作為代表的老師

分析型性格的貓頭鷹看起來就是一副學者的樣貌，的確在大學校園裡，每位老師都是在專業領域上的學者，寫起論文來思路清晰有邏輯，而分析型性格的「貓頭鷹」老師更是精明、思考縝密，生活處事相當有邏輯。

上「貓頭鷹」老師的課有一個好處，就是老師一定會將課文用最清晰、最有條理的方式闡述給學生，這樣的老師也很會釐清教科書的重點，總是能切重要害，學生抄起上課筆記輕鬆愉快。

但如果完全是典型「貓頭鷹」的老師，會有什麼缺點呢？

我曾聽過還在就學中的朋友說，他學校裡有一位大學老師，因為自己思路非常清晰，所以在學生的學習上也極力要求學生和她一樣。上課雖然調理分明，但她很難理解到即使自認為自己上課上得很好了，學生也不太懂或概念有些模糊的地方；她是人文學科的老師，但總是要求學生在詮釋文本或社會現象時，有和她一樣清晰的理路，如果學生沒辦法跟上她的思考進路，她就勃然大怒，在課堂上痛斥學生。

換言之，她可能是一位優秀的學者，論文寫得很好，但即使上課在黑板上的板書非常清楚有條理，她仍然不是一位好老師，因為她對學生不帶額外的感情，認為教學只是傳遞學問，而自己教過的東西，學生就應該懂。她會對學生吹毛求疵，因為她的個性就是要求精確、精密，所以很難站在學生的立場去著想。

因此，雖然很多同學都覺得她上課很有內容，能夠學到東西，但幾乎沒有學生願意選修她的課，常常在學期末開放下學期選課時，朋友就會說他會接到助教打電話來懇求大家修這位「貓頭鷹」老師的課，以免這位「貓頭鷹」老師的課開不成。

我也聽過一位以前同學目前在學校裡的同事，也屬於典型「貓頭鷹」的老師，這位同樣教國文的「貓頭鷹」老師要求學生寫作文，會精確地去細數作文的字數是否達到規定，而且一開學就計劃好讓學生每月學習、討論閱讀心得的讀書會目標。由於這位「貓頭鷹」老師規定的計劃太嚴苛，除了老師外沒有學生能夠達到要求，這老師在讀書會上把所有學生罵了一頓，此後讓師生關係處於有點惡劣的狀況。

這位「貓頭鷹」老師上課時也常會說明自己如何行事縝密，校務行政上講求依法辦事，喜歡批評其同事或學生的錯誤，來彰顯自己是一個思考精密、依法辦事和力求完美的人，所以這位老師和她的同事、學生相處都不太愉快，而「貓頭鷹」老師卻仍覺得只要自己行事精確、思慮清晰即可，不必理會其他人的想法。

人和人之間的交往、對話是必須適度投入感情的，例如跟父親對話、跟母親對話的語氣和態度就會不一樣，和情人交往、和一般朋友交往的說話方式也會不同。

而教學，在現象上是人與人的對話，典型「貓頭鷹」老師卻可能只重視「學問的複製」，把「學問」複製給學生就對得起薪水了！

往往忽略到學生和我們的家人、朋友甚至鄰居或者擦肩而過的路人都一樣，學生們都是和我們平等、有感情的人！每個學生背後都有他們的生活與故事！

話說回來，「獅子」老師和「貓頭鷹」老師要求學生都相當嚴格，那麼……「獅子」老師和「貓頭鷹」老師究竟有什麼差異呢？

「獅子」具有果斷力，要求的是成果，其他過程他不管，例如寫學位論文這檔事，他只要求你寫「能畢業的論文」、「能達到他要求的論文」，你什麼時候交或怎麼寫他都不管，但如果學生沒有達到典型「獅子」老師理想中的成果目標，就準備聆聽「獅子吼」吧！

「貓頭鷹」思慮清晰、凡事喜歡依照計劃而行，會把學生應該達到目標的每一步驟都詳細規定出來，例如超級「貓頭鷹」的學位論文指導教授，恐怕會規定每星期寫三千字學位論文初稿交上來或明確交代，你的碩士論文字數約十萬字到十二萬字之間，暑假後請交三分之一篇幅的碩士論文出來，每一章節需引用期刊論文三十篇，且為了論文具有國際高度，每小節至少援引兩本外國學術著作……。

更誇張的是，超級「貓頭鷹」指導教授還真的會去數你論文的引用書目是否達到要求哩！嚴格的「貓頭鷹」指導教授倒也不是沒有好處，至少「貓頭鷹」會比一流出版社的資深編輯更用心抓學生的錯字、修飾學生不通順的論文句子。

但老師終究和出版社編輯不一樣，老師也不能只是個學者。所以「貓頭鷹」老師該學的，就是多向學生表達自己的關懷並且發現學生的優點，有時多接受學生的創意發想、新點子。多數人的人生都沒辦法完全依照計劃而行，有時計劃以外的意外也可能帶來驚喜，「貓頭鷹」老師應該更寬容、更愉悅地看待學生的「意外」。

小結：自我突破或表現特質

上述幾種類型老師的小故事當然都屬於極端的典型特例，事實上每一個人都可能同時具有「獅子」、「孔雀」、「無尾熊」和「貓頭鷹」的幾種性格，只是其中一種或兩種性格特別強烈而已，如果想更深入瞭解DISC理論的這四種類型，可以自行上網搜尋「DISC測驗」、「DISC線上」等關鍵字找到相關資料，幫助釐清自己到底屬於哪一類的教師。

其實，即使我們不做測驗，細細回想自己平常的言行舉止、在課堂上與學生的互動，應該可以大約推測出自己到底是什麼樣的類型了。

知道自己是什麼類型的老師以後呢？

每一種強烈特質的性格都有其優缺點，例如「獅子」老師有魄力、果斷力，是不怒而威的老師，隨時能掌控班級秩序，但「獅子」老師的缺點就是把自己當成老闆、權力的擁有者，容易造成師生關係緊張。

讓我們再強調一次，這幾種類型是情緒性格表現出來的分類，並不是我們天生注定的命運。不要覺得自己就是兇狠的「獅子」老師或嚴格的「貓頭鷹」老師，學生不喜歡我就算了，我們可以改變自己的情緒，好好去理解學生、和學生做朋友！我們不但可教學得很愉快，而且我們肯定能在學生身上學到東西！

如果我們是兇狠的「獅子」老師，就試著對自己教師的身分謙虛一點：我們是教師，不是工廠老闆或公司的管理階層，需要以更柔軟的心來跟學生對話，以更寬容的態度看待學生的錯誤，對學生更有耐心並且讚美學生。

假使我們本身就是天生明星藝人般的「孔雀」老師，上課時應該讓學生多一點思考、對話的空間，而不是自己一直呱啦呱啦地講自己的事，請學習「貓頭鷹」的冷靜、清晰邏輯，上課時不要天馬行空式地聊天，然後等到期末或考試時才趕進度，請好好地安排學生的學習進度與計劃，讓學生真的有學到東西。

或許我們是默默給學生支持的「無尾熊」老師，我們最需要學的就是「獅子」老師強悍的果斷力和魄力，好好給沒辦法自主學習的學生威嚇一下！我們也需要大聲把自己心裡的話說出來，學學「孔雀」的舞台魅力，讓學生在課堂上注意我們。

那麼，我們是典型「貓頭鷹」老師的話呢？前面說過了，把「心」放柔軟一點，請帶著感情上課，學生可以是我們的朋友，是我們可以交付信任和情感的對象！

當然除了少數人之外，大部分的老師性格都不是那麼典型，可能一部份「獅子」又一部份「孔雀」、一部份「無尾熊」且一部份「貓頭鷹」，這樣的教師性格在學生眼中看起來可能就是沒有特色、性格模糊的老師。或者有時帶有「獅子」的咆哮、有時有溫柔似「無尾熊」，這時不妨加強某一方面的特質，讓自己有「獅子」般的魄力，並稍微嚴格地管教學生。

不過，在教學時要以什麼樣的心態或情緒做我們的「演講教學」或「表演」，還得看學生的上課氣氛而定。我們得時時依照不同校園、科系或班級的上課氣氛，調整我們上課的氣氛。

例如，在一群很沒自信的孩子面前，我們應該給予「無尾熊」老師的支持。

在一群以為自己什麼都做得很好的學生面前（或許我們在分數高的前段學校會遇到），我們不妨來個「獅子」老師般的魄力。

這點，我們在下一章會繼續討論。

第二章　你的學生有什麼特質？

你的學生是什麼樣的學生？你的學生有什麼樣的特質？

其實大多數老師的感覺都很敏銳，分數屬於前段學校的學生，大多都能主動學習、發問，分數後段的學校學生大部分也並不是真的討厭老師，只是對課本沒興趣、基礎沒有打好，以致什麼都聽不懂。另外，科系也會影響學習風氣，例如文學科系的學生比較文靜，音樂系或美術系等比較強調技藝的科系，同學間感情會比較好，某些科系的學生則比較活潑。

一般我們教大一國文課的老師會比較喜歡教到文學科系的學生，因為大多數文學科系的學生會對國文比較有興趣；教到氣氛活潑的班級也不錯，至少課堂上不會有死氣沉沉的感覺；如果教到對文學比較沒興趣的理工科同學，那麼只求安然渡過這個學年，期末學生給的教學評鑑不會太差就萬幸了！

可是，如果對待學生能當成付出教學情感的對象，那我們就不應該這樣了！

我們得依照學生特質來改變上課方針。

這樣說起來很複雜、很抽象。我們可以舉例來說，我們對待女朋友的方式也會依照女朋友的特質而改變：

◎如果女朋友活潑、喜歡旅行，每次約會就應該約戶外而不能約圖書館、音樂廳等地方。

◎如果女朋友喜愛某個作家，也許你可以幫她留意這作家的新書發表會。

◎如果女朋友喜歡看電影，你們肯定會常常上電影院。

◎如果女朋友喜歡逛街買東西，那麼你得常常幫她提購物的戰利品。

當然，對待學生的態度肯定不必像對待情人那樣小心翼翼，可是如果情人間無法相互協調、找出共有的生活步調，肯定難以長久相處；師生間如果不能找出彼此都能接受的愉快氣氛，上課起來對雙方都可能非常無奈。

但如果只求課堂上愉快、歡樂，卻又沒辦法督促學生們好好學習，師生間的相處有時可能比情人相處更困難呢！

相信大部分的老師都能發現師生相處的困難點。

因此，在理解個人教師的性格特質後，觀察「這一班的學生特質」是很重要的事情。

當然每個學生的情緒性格也能用「DISC」的檢測法來進行分類，藉此觀察如何與之應對，但教師教學時通常所面對的學生可是一整個班級的學生，因此我們得磨練感受度來敏銳發覺課堂上的學習氣氛，學習同時面對許多「獅子」、「孔雀」、「無尾熊」、「貓頭鷹」的學生，依據事實調整我們的教學心態。

如前章分類的四種情緒性格類型，有時我們面對學生可以稍微強調強悍的「獅子」、吸引目光的「孔雀」或默默支持學生的「無尾熊」等面向……，我們不能老是武裝自己成為「獅子」老師，也不能是只顧展現自我舞台魅力的「孔雀」老師，如何表現我們的情緒性格，則有賴於我們的教學智慧。

每個人都是不一樣的人，每一個學生、每一班學生都是不同的學生，唯有我們好好去看待每一個學生，尊重每一個學生背後的故事、重視每一個學生的眼神（難免我們也必須沮喪承認，我們沒有那麼多時間和心力兼顧到一切……），我們才會知道學生到底需要我們什麼、我們才能適時伸出友善的手。

以下就學生班級和學習氣氛大致上可區分的類型來加以討論、分享……。

一、學習風氣的差異

一般來說錄取成績較前段的學校，自主學習風氣會比較好。

例如，去北部某大學圖書館，找一本台灣稀少哲學家海德格的著作，好不容易找到了書，拎著書本坐下來一邊讀、一邊寫筆記時，旁邊的座位來了一個看起來一臉稚氣的男學生。

他打開筆電一面看著英文的期刊論文影本，然後打筆記，我好奇他是哪一系的大學生，偷瞄了一眼，雖然我英文不好，但被我抓到了幾個熟悉的關鍵字「哲學」、「胡塞爾」、「現象」，於是我猜他是哲學系的學生；但大約過了半小時以後，他又開了另一個WORD檔，記憶中標題好像是論宋詞和李清照風格之類的影響，好像是典型中文所碩士生期末報告會做的題目，而這是他做了一半的報告，他不知道繼續了這個報告多久，然後又拿出了另一份講義來研讀，這次的講義仍是英文的，上面有看起來像細胞構造和分子式的圖。

我完全不知道在那個假日早上的圖書館裡，坐在我旁邊的男生究竟是哪一科系的同學，因為他一個早上下來閱讀每一樣資料和作業都非常認真，而且每一樣資料看起來都相當專業，我由衷佩服這位模樣看起來應該是大學生的男孩。

年輕的他，一個人在假日早上來到圖書館讀書，在很青春的時候就能耐得住學習的孤獨，專注而且廣博地專研學問，他不只專研自己的專業，或只針對自己未來有幫助的學問研讀，他的學術視野是廣博的、非功利的，相信他的心胸和他的世界也會是相當開闊。

我也有在這所學校裡的朋友，大多數都純粹地熱愛學問，很熱情地接受專業以外的知識刺激，常跨系所選修外系的課，不是為了未來職業的發展，只為了享受更多接受智慧的樂趣。

在這樣的學校裡教書，老師自然會如魚得水，幾乎所有學生都樂於學習，而且願意接受通識教育刺激的科技人文視野，而老師也無須太用心教，就能夠教出好人才來。所以在這類型的學校中，通識課老師的教學設計不應只是引導學生的學習興趣，而是在刺激學生思考，透過思考讓通識課程不僅是學問的累積，而是觀看世界、詮釋世界的一種方法。

例如「國文課」用文字來觀看世界、詮釋世界。

「自然生態課」從動植物的角度來觀看世界、詮釋世界。

「社會與法律課」從法律的角度來觀看世界、詮釋世界。

讓學生把自己從本科系專業的領域抽離出來，去思考自我、他人和世界的關係，並懂得在課堂上與同學分享心得，懂得無私的分享和坦率地交流，讓學問不只是自己的學問，而是人類共有的學問，人類歷史的文明。

但請別為了讓學生思考、分享心得就用成績的方式去引導，只懂得用成績去控制學生的學習情況是最偷懶的老師，要讓學生去思考並去分享自己的思考成果，首先老師也得先思考，並無私地和學生分享自己的思想成果。

例如，在國文課裡我們讀了李密的〈陳情表〉，國文老師們不要只制式地說明作者、主旨、大綱，就提出問題要同學去分析、去思考，答得好的同學就加分，而老師也應該以自己身為一個「讀者」、一個有「情感的人類」讀了〈陳情表〉這篇文章後，自己的感受是什麼？

我見過太多老師不願意分享自己的私密想法和心事，卻使用種種引誘思考的方式想溫馨地經營班級氣氛，如果這種情況是發生在「朋友間的相處」，那麼我們肯定會認為這朋友頗「工於心計」。

老師希望學生能坦率地表達想法和情感，得先自己對學生坦率才行。老師站在講台上，其實學生都很注意其一舉一動，很容易知道講台上的是一位「認真教學的老師」或是「用心教學的老師」。

因此在成績較前段的學校教學，老師得更注意刺激學生們的思考，思考他們所熱衷學習的學問究竟與「人」、與「世界」有什麼關係，才能把人類文明所累積的學問，轉化為讓人類更好的能量，而不只是讓「自己」更好的力量；同時，老師也應該要求對學生開放自己的「心」，在大多數的學生心裡，都希望老師不只是學者，而是一個「能說話的對象」，如果老師只把自己定義成一個「教書的」，那會有多無趣呢！

如果是在學習風氣不那麼好的學校呢？

當然，「用心」是必要的，但「用心」的方向不是刺激學生思考和分享心得，更重要地是吸引學生的興趣，尤其若我們不是「孔雀」老師，實在很難吸引學生的目光，引起學生來上課的興趣。

這時「做學生的朋友」就很重要了！

雖然可能有些比較古板的國文老師會質疑：「為什麼要做學生的朋友」？

孔子有做顏回或子路的朋友嗎？「程門立雪」的故事難道已經沒有人聽過了？應該分清楚師生的分際。

首先，大部分的老師必然不如孔子或程頤、程顥那麼偉大，大部分老師即使在學術上有其專業，也有許多人可以取代，不必把自己看得太高。自恃甚高的教師，反而會讓學生感到有些隔閡，當我們在專業上或人格上讓學生覺得值得尊敬，自然會出現那種「程門立雪」的舉動。

而另一方面，雖說「做學生的朋友」很重要，但我也得承認在這個社會裡，分清楚師生分際是相當重要的。現代老師和學生在某種程度上是店員和顧客的關係：身為顧客的學生繳學分費來接受老師的教學服務。

顧客和店員的身分當然不能混淆不清，不然「學校」這生意就不好做了！

因此，觀察學生的想法、心情很重要，到底學生現在需不需要老師出現呢？老師出現應該講什麼話或不講什麼話才好？

重點是，老師只應該在學生需要老師時出現，而不應該也沒辦法隨時去關心學生，讓學生感受到不必要且有壓力的熱情。

例如，有一次我去應徵某個學校，某位口考的老師問我：「劉老師，我看了你的文章，你鼓勵學生去壯遊，那如果有學生騎單車環島邀你，你會不會因為擔心他們而真的一起去？」

我的回答是我不會一起去，因為環島的路程對我來說太長、太久了，而且學生也可能只是一時客套話約我，以一個老師的身分而言，難免讓他們的旅行感到壓力或不便，年輕人獨自旅行才可能更有收穫、更幫助自己成長，我不會主動去關心他們，但如果他們願意，我願意陪著他們一起計劃、規劃行程。最後我沒有被這個學校錄取，不知他們是不是不滿意我的答案。

但我仍然覺得即使再熱心的老師都應該有這樣的自覺，我們畢竟「只是」老師，做學生的朋友卻也要保持距離，而學生必須要自己去學著離開學校、抵達社會的彼岸。

話說到此，到底怎麼跟那些不太愛學習的同學們做朋友？

雖然我是一個不太會說話的阿宅老師，但跟同學們聊天有個優勢，就是不論學生怎麼不耐煩，多少會看在老師身分的面子上，回答一兩句。

請別小看和學生聊天的第一、二句話，這是決定您究竟是高高在上的老師，還是平易近人的老師之關鍵。

問題是，何時才是和那些看起來最需要被關懷的學生聊天的時間呢？

絕對不是上課時間。因此，可能得犧牲老師的下課時間。

為什麼？因為我們一般人長大以後都會比較沒有表演慾，都會逃避眾人的目光，如果我們在全班同學面前和某位情況特殊的同學聊天，只會讓對方更想逃避我們的課程。

我們得找下課時，而且不是每一節下課都可以，得先觀察對方的情緒，對方是不是有空。為什麼得這麼麻煩？不是直接把對方找來講桌前面講話就可以？

拜託！你可是要跟學生做朋友的人，你不再是一個把學生叫到講桌旁邊訓話的老師。

有位認識的朋友，我們在某個研討會上相識，休息時間他有問題想找我聊天，坐在椅子上揮手招我過去問話，我站在他旁邊好像學生被老師訓話一樣，從此對這個傢伙沒啥好印象，覺得這是一個沒禮貌的大學老師，很多人私底下對他對待平輩或學生的態度也頗有怨言。

做朋友不是這樣做的，一個想要表現自己尊重學生的老師，也不應該在講桌旁揮手叫學生過來，而要適時地給自己搭訕、認識朋友的機會。

跟對學習沒興趣的學生聊天，可千萬別只聊功課、成績和學習等，只有老師和好學生才有興趣的話題。

就先像朋友那樣說話就好了，食物、衣著、天氣或興趣，或者對這門課程沒有興趣的原因。

交朋友不能一開始就給予反對意見。

例如A男搭訕B女：

A：你喜歡看電影嗎？

B：我不喜歡看電影，我比較喜歡小說。

A：小說都是字，很無聊，電影有聲音和畫面比較吸引人，不然漫畫也蠻好的。

在這簡短的對話中，B女雖然給予A男問句反對的意見，但顯然B女還保有餘地讓對話能繼續進行下去，她提出另一個話題：「小說」，可是A男卻拒絕了B女的話題並加以批評，這樣兩人肯定無法對話下去。

換一個場景，A老師想和B學生說話，關心學習狀況：

A：你最近好像成績退步了，是為什麼呢？

B：最近迷上拼圖，花了好多時間玩拼圖。

A：拼圖有什麼好玩的？你都幾歲了，你知不知道學習更重要、你爸媽都很擔心你。

如果這段對話是真的，肯定B學生完全無法接受A老師的想法，因為A老師在對話的一開始就否定了B學生的話題。如果換成這樣：

A：你最近好像成績退步了，是為什麼呢？

B：最近迷上拼圖，花了好多時間玩拼圖。

A：你喜歡拼圖？什麼樣的拼圖呢？我以前也喜歡……

或……

A：你喜歡拼圖喔？我只有小時候玩過拼圖，好特別哦！一般不是都喜歡打電動或者看漫畫之類的，你是什麼樣的緣故開始喜歡拼圖呢？

如果以這種方式來跟學生聊天，不管我們喜不喜歡拼圖、對拼圖的認識有多少，首先我們都打開了對方的心防，讓彼此有了對話的空間，接下來我們再關心學生成績退步的問題時，對方才能更容易接受我們的建議。直接用「老師」身分，把建議、祈求、期望丟給學生的老師，是懶惰的老師，在教育現場，我們不能只有教育理論的「同理心」什麼的，我們得真的站在學生那一邊，從朋友的立場出發來為學生想。

我們在年輕的時候一定不會想和一天到晚只會把「你要好好讀書！」掛在口中，卻真正為我們好的人交朋友，我們也不能夠成為學生的這種朋友。

可是，我們沒有時間和心力和每一個學生進行長時間如朋友般的交談，去經營我們師生間的友情，因此請重視和學生的每一句對話和對話的情境。

說不定其中一句對話就會給他很大的啟發。

開啟了和學生的對話以後，接下來找出共同的話題，有了共同的話題才能引發彼此瞭解的興趣，成為亦師亦友的關係，如此師生間都是朋友了！

朋友說話時，對方好意思打瞌睡或玩手機嗎？

朋友在課堂上的約會，對方好意思總是缺席嗎？

所以在自主學習情況比較差的學校，我們在成為一個老師之前，更需要做學生的朋友。

我喜歡在這樣的學校教書，因為就像前面的「拼圖對話」一樣，學生可能教導我，他的興趣「拼圖」是多好玩的一件事，學生總能教導我很多課本以外的事情。

二、文科和理科的學生

大多數教通識課的大專老師喜歡教成績比較好的學校，教大一國文課的可能更喜歡教文科學生，因為文科學生本來就應該對文學有興趣，上課時眼睛會更注意老師或課本，老師得到的回應會更多一些。

但對於一個中文系畢業的教師來說，讀文科的學生只注意文學這檔事實在是太可惜了！正如古代西方哲學家不但懂哲學，也懂語言、審美、天文、藝術之類的學問，中國古代文人不但會寫作、會議論，也懂得政治、歷史、治水、法律、演戲、軍事，如文學家蘇軾在西湖蓋了蘇堤、袁崇煥進士出身卻會打仗，張岱會演戲、袁枚是個美食家和烹飪專家。

為什麼古代的文人能夠懂那麼多，而現代文科大學畢業生甚至文科博士只懂得文學範疇之內的事情？

在通識課教育課程希望擴大學生的視野前提下，文科教授的心靈視野又是否非常的開闊？能夠接受文科以外的學問？

大一國文課當然以國文課本或國文講義為主，可是國文老師得引導同學去思考文字以外的東西，關於世界、關於生命、關於文字所承載的社會現象。我們承認在國文課當中，作品的文字結構、修辭語法和主旨相當重要，這是在中學課本裡應該被強調的，但在大學課本裡、在文科學生的大一國文課課堂上，我們要思考的應該是作品以外的東西、考試不考的東西。

作品以外的東西是什麼呢？

作品以外的東西或許還是作品，但是不只是文字的詮釋、解說，而是透過作品的引導，從作品的視角觀看平常我們看不到的風景，思考那些我們平常看不到的風景背後的意涵。

大一國文老師在文科學生的課堂上，更應該強調的是這門課是「通識課」而不是「文學課」、不是「文學專業課程」，這門課是為了培養同學們更開闊的思想和視野，不只是文學欣賞、析論作品如何又如何地優美。

因為每一個文科的大學生都應該具備自己對作品的審美觀、自我的美學。當然，這些我們都應該在課堂上彼此討論、分享，在表達與聆聽的過程中，發現自己思考的缺失並尊重他人的意見。在國文課上，我們不僅能討論作品，也學習「人與人的相處」，學習說話和傾聽。

文學絕不應該只是文字平面的東西，文學是作者用生活、用生命感受並付諸文字的痕跡，我們透過閱讀追究那些生活、生命的遺留，感受作者身為他者的生命經驗，從作者的生命經驗來看待世界。一個老師在專業課程上和大一國文課程上，即使講解同樣的作品，也絕對不能用相同的方式和態度來詮釋作品。

因為專業的課程有專業素養的需求，而通識課程所要求的和專業課程絕不相同。所以教通識課程的老師教到本科系學生，請別因為學生們本來就對這科目有興趣而稍微輕忽。如何藉由本科系學生們熟悉的教材，引發學生對教材以外的思考和擁抱世界的廣度，是我們可能應該思考的課題。

那麼，如果是理科學生的國文課呢？

原本選修理工科系的學生可能對文學作品沒什麼興趣，為什麼沒什麼興趣？

讓我們來設想一下理工科系同學的想法：

因為國文沒用嘛！

雖然能言善道的國文老師可能會幫國文想到很多用處，可是不必反駁學生，請友善地認同學生的看法，國文或文學可能真的沒什麼用。

然後呢？國文課很無聊、很討厭以前的國文老師，如果是成績好一點的學生，甚至認為國文課只要作者、題解、註釋背一背就好了，沒什麼重要性。

請注意一個和學生交談的前提，不要直接反對學生任何想法，這些想法的確都有它正確的一面，取得了和理工科系同學共同的觀點後，我們再來考慮，為什麼國文沒用？有多沒用？文學作品真的一點用處都沒有嗎？或者，國文課最初的目的真的只要背一背就好了？

先討論這些問題，才可能找到我們共同的教學與學習動機。

那麼，回到國文課沒用的話題。

覺得國文課沒用，大概是因為從前的國文老師忽略掉文學是具有情感和生命背景的。

如果我們認為人類的思想情感是沒用的，那麼的確文學就更沒用。因為文學的目的就是要表達思想情感的。

我們可能嚮往或正在享受愛情。

我們總是在親情溫暖的包圍下，我們可能處在焦慮或哀愁的情緒中，我們可能有各種情緒，不管喜愛文科或理科的學生，「情感」都可以是我們共通的話題。因此，上理科同學的國文課時，可以從「情感」作為一個切入的主軸。

並不是只有抒情詩或抒情文才有情感的！

即使是王安石的〈讀孟嘗君傳〉，我們也可以來猜猜看，到底王安石當時寫這篇文章是帶著什麼樣的情緒？他是帶著什麼樣想法才寫下這樣的文章？

除了引導「情感」的觸發外，還有另外一種文學欣賞的切入角度，就是「想像」。人類除了都有「感情」外，也都是具有「想像力」的動物，作者透過想像力來表現自己的情感，例如杜甫的詩：「江碧鳥逾白，山青花欲燃。」把紅色的花想像如火焰將欲燃燒起來，把那樣的紅生動地描述出來。

「想像」是文學的創造藝術，是追求「美」的動力，是人類共通的藝術。

可以藉此角度去刺激理科同學對「美」的想像，訓練理工科同學對世界有更美的想像。那麼，說不定未來有更棒的電腦、智慧手機或更符合人性和服膺美學的科技產品，就是因為我們的國文課而產生呢！

回到剛剛所說的王安石〈讀孟嘗君傳〉，這麼無聊的史論散文有什麼好想像的呢？

來吧！理工科的同學們，發揮你們的想像力，有怪博士發明時光車或者黑洞、蟲洞出現了，還是如網路上的穿越小說一不小心你就穿越了，這下子你是王安石、你是孟嘗君，這時候……你在想什麼？

想像力，讓我們的課程更有趣。

同樣，其他科目的老師也可以依憑此脈絡去經營自己的課程，透過「情感」、「想像」和每個同學對話，激發對生命及世界的熱愛與關懷，讓大家都能夠對通識課產生一些興趣！

三、活潑和安靜的科系

有一些科系的學生因為專業特性的關係而相當活潑，班級氣氛很好，也比較勇於和老師互動，就我的教學經驗而言，體育系、觀光系、休閒管理學系、社區系之類的科系學生上起課來比較不會有如美國最佳教師隆・克拉克（Ron Clark）所說的「糖漿課程」般死氣沉沉，但這樣的班級也可能因為太活潑了，老師得花更多的心力來維持上課秩序，控制教學進度。

這些班級若以DISC類型來區分，肯定是接近「孔雀」類型的班級，大部分的同學活潑、開朗和勇於表現自己，但缺點就是可能不會注意到細節，所以教師就必須「化身為獸」，變成「獅子」或「貓頭鷹」，好好地把班級情緒拉低，把學生的心思重新帶回課堂上。

怎麼藉由講台上的教學調整學生的情緒，把學生的心思帶回到課堂上，而不讓學生在課堂裡活緇亂跳咧？

「做學生的朋友是很重要的事！」這是我願意不斷強調的事實，假設我們的好朋友今天他家裡的狗死掉了，他一臉哀傷的表情，我們還能在他面前快樂起來嗎？

肯定不能。

因此，若老師做學生的朋友，就能夠帶動學生的情緒，讓學生配合我們的教學引動適當的情緒，控制教學氣氛。當然這不是說，我們總要板著一張臉，好像家中的寵物每天都在過世那樣，而是指我們不能單純享受活潑、開朗的班級氣氛，請記得嚴肅一些，說話有力一些，讓自己成為「獅子」老師，控制學生在課堂上的氣氛，教學誘導思考的問題得盡量往精細、細節的方向去思考。

因為活潑、好動的班級學生對細節反而會比較輕忽，例如在國文課裡對課文的某一個字詞提問，引導想像，讓學生注意到文學作品的每一個字詞都可能有特別的含義、可能引發的聯想。

但不要一下子就以細節問題來提問，這樣會讓學生認為老師吹毛求疵，可以從大範圍的問題到小細節的問題，不斷刺激學生的思考。當然，觸及到個人生活經驗和想像的部分，老師得先做示範，對學生敞開心胸才行。

在活潑、氣氛好的班級，陽光、快樂是這種班級的主軸，在教學的引導時必須把氣氛稍微拉低一點，因為太過活潑只會讓班級鬧哄哄。透過師生間朋友的交心、細節的分享，也會讓活潑的孩子們稍微端莊嚴肅起來，像成熟大人般那樣討論事情。

有必須堅持的事情，有必須執著的事情，任何人的表情都會嚴肅起來。

在活潑氣氛的班級上，老師可以引導學生發現我們在課堂上必須堅持的事情，這件事盡量不要是「分數」，我們社會上已經太多以功利或慾望為導向的事情，請老師們不要以「分數」這樣功利的角度來引導學生思考，雖然有時候「分數」、「獎品」或「獎金」是我們不得已使用的手段，但請不要像驢子前面的胡蘿蔔一樣，時常提醒同學注意這件事情。

因為我們的教育是要使學生成為更好的人、社會成為更好的社會，而非使學生去追逐分數或自己的慾望。

而在安靜的班級呢？

就我教過的班級中，文科系和理工科系班級都有可能很安靜。

文科系大約就是科系氣氛文靜的氛圍，理工科系則因為對國文課沒有興趣、漠不關心而安靜。

先講講對課程沒有興趣、漠不關心的班級該怎麼辦？

我們說過，千萬別直接反對學生的最初意見，沒有興趣就沒有興趣吧！這時讓我們努力學當一個「孔雀」老師，讓學生對老師「這個人」有點興趣。

雖然我們前面說過，當一個典型「孔雀」老師光引起學生注視，上課卻讓學生沒留下什麼印象，但我們要學習的是「孔雀」的舞台魅力，讓學生多注視一下我們。

誰最有舞台魅力呢？

請別說，學校裡的某某老師……

事實上，只要我們轉開電視，看所有的綜藝節目，就有超精彩的典範人物：那些主持人都是相當有魅力的，有的主持人搞笑功力高、有的主持人知性魅力足、有的主持人機智逗趣、有的主持人天生喜感……我們看綜藝節目時，可以選擇適合自己的調性，想像自己上課可以成為什麼樣的「舞台教師」呢？

但請不要勉強自己做自己學不來的事，或還沒有學成就在課堂上「表演」這樣的上課方式，這樣會讓我們像蹩足的魔術師變戲法常失敗那樣，讓觀眾覺得可笑，反而更不信任我們的教學內容。

如果對上課課程有興趣，但反應顯得安靜的班級呢？

這時教學的思考引導不應該只針對細節處，應該天馬行空地提出問題，讓我們的思考不僅限於教科書文本，而是我們的生活、我們的生命。

每個人都會有活潑、開朗的一面，只是活潑的時候不太多，或通常那一面不會在課堂上顯現出來。當我們的思路從艱澀的教科書中抽離出來，思考到我們的生活，通常每個人對談論自己的生活、思考自己的生活都會比較有自信一點，這時必然會讓學生侃侃而談，此時教師要適時給予鼓勵，讓大家更有自信在課堂上發表。

一位「孔雀」老師懂得帶動班級氣氛，而我們要學習的正是「氣氛」與「學習」兼顧的課堂經營。

四、所謂「因材施教」

孔子的「因材施教」，相信即使到了現代，每位老師仍然很推崇這句話，我也如此。所以我曾經根據不同科系的班級，編撰過不同的國文教材、選擇不同的篇章來教學。

例如，音樂系的班級可以上稽康〈聲無哀樂論〉的文章、美術系可以上王維的〈畫論〉、休閒管理學系或觀光系可以分享柳宗元的山水遊記、商科同學則可以讀讀柳宗元〈宋清傳〉或《史記》中的〈貨殖列傳〉。

可是，這樣每班國文課的教材都不同，不但把我搞得很累，而且感覺同學們不是真的很有興趣，所以實施了一個學期就放棄了！後來我發現，所謂「因材施教」在大學裡不應該單指教材的內容、依照科系的類別來上課，說不定這樣反而減損了「通識教育」的意涵。

因此，在「因材施教」之前，我們得先知道對方是什麼樣的人。

換言之，這個班級是怎麼樣的班級？並不是音樂系就喜歡讀和音樂有關的文章、觀光系就喜歡讀遊記，說不定對方想在國文課上讀到和專業一點兒關係都沒有的文章。即使如此，身為一個老師也沒辦法完全依照學生的喜好來選擇教材，因為老師有自己高度的審美眼光、選評標準，而且為每一個班級量身定做課程，真的很辛苦也沒有太大效益。

因此，就我現在的想法，在大學國文課中「因材施教」雖然以同樣的內容來教學，可是要先感受這個班級的氣氛、情趣，以便調整自己的教學氣氛和方針，例如氣氛嚴肅的班級、氣氛活潑的班級、氣氛安靜的班級……

也許有老師會認為這樣的教學會太麻煩了吧？還先去考慮學生的情緒來歸類自己的教學態度，其實也不是這麼嚴謹的歸類、這麼善變的變換自己的教師形象。就像我們交朋友一樣，我們有許多個性不同的朋友，在喜歡安靜的朋友面前，我們不會和他裝瘋賣傻、大聲說話，在性格豪爽的朋友面前，我們講話多半也會跟著大聲起來。

所以，只要老師能真心地做學生的朋友，自然在無形中就能調整自己上課的氛圍。其實，調整的不只是老師，學生也會跟著調整。

畢竟，朋友是互相的。

第三章　把老師身分丟掉的「課堂經營」

我曾參加過幾次教學研習，演講的講師們總是強調老師該怎麼做、老師該怎麼做才能引導學生或幫助學生，而沒講到怎麼去理解學生，這讓我想到〈莊子・外篇〉中的一小段文章：

昔者，海鳥止于魯郊。魯侯禦而觴之於廟，奏九韶以為樂，具大牢以為膳。

鳥乃眩視憂悲，不敢食一臠，不敢飲一杯，三日而死。

此以己養養鳥也，非以鳥養養鳥也。

這段文字譯成白話：從前魯國城邦外有一隻海鳥，魯侯把牠抓住關在太廟，演奏〈九韶〉的音樂給鳥聽，用豬牛羊三牲具備的「大牢」給鳥吃，結果鳥暈頭目炫非常憂傷悲苦，不敢吃喝，三天就死掉了。這是用自己喜歡的方式來養鳥，而非真正用養鳥的方式在養鳥。

相信很多有名作家、畫家在小的時候就喜歡寫作，但中學老師總會勸年輕的小作家不要再寫了、不要再畫畫了，好好讀書考上大學才是正途。幸好大多數有名的作家、畫家都沒把那些老師的話放在耳邊，持之以恆創作而成為有名望的人。身為老師即使讀過《莊子》這篇文章，也常會以自己的觀點來要求學生，認為自己的出發點是對的、老師是為學生好。

因此，就一味地規定學生、要求學生。

事實上，也有一種可能，老師什麼也不需要做，學生會自己照顧自己。或者，老師只需要在旁邊看，讓學生知道，他可以繼續下去……

就像魯侯在養鳥時，他得先觀察要如何養鳥，畢竟神鳥和普通鳥兒是不一樣的。而每個人、每個學生也都不一樣的。

如果一個具有畫家資質的學生偏偏有一陣子很迷寫作，荒廢了畫圖，老師該不該制止呢？

相信大多數老師想都不想就會跳出來制止，可是究竟我們怎麼得知這個學生的確有畫家資質而沒有作家資質？又我們憑什麼阻礙學生的興趣？只因為老師這個身分嗎？

老師不是神，無法得知任何事情的結果。

在我們教學、管教學生之前，我們得把所謂「教師」應該傳道、授業、解惑的身分拿掉，先在一旁好好思考、好好觀察學生，才能做出接近正確的決定。

一、調整師生互動的情緒能量

其實，在教師走進教室的當下，教室裡的學生會注意老師，老師也應該同時注意到學生。所謂「注意」並不只是注視對方而已，而是感受到對方當下的情緒氣氛。

舉例來說，在我們中學時代，大部分的人每週常被學校強迫聽演講，明明我們是心不甘、情不願，而且情緒低落地坐在大禮堂裡等待演講者抵達。有些演講者自認善於帶動氣氛，是典型「孔雀」的情緒人格，他一拿起麥克風就彷彿明星藝人般高亢喊道：「各位同學，大家好！很高興今天來到貴校！」

他刻意塑造如綜藝節目中明星出場時的打招呼方式，想要熱烈的迴響、炒熱氣氛，但通常我們學生只會覺得莫名其妙，我才不高興出現在這裡聽你演講咧！寧可背英文單字……，頂多給予稀落的掌聲，然後繼續抗拒聆聽這次演講。

然後，現在讓我們想像一下，當我們走進教室，為了帶動教室氣氛，情緒高亢地如綜藝節目主持人出場打招呼。

學生可能也會以為我們神經有問題。

如果學生們在老師進教室前，正興高采烈地討論班遊要去哪邊玩呢？為了壓低教室內過於活潑的情緒，我們死板著臉、冷硬著聲音要求對方打開課本，學生也會感覺好像被潑了一盆冷水。

所以我們走進教室或講堂時，要先敏銳地觀察一下教室或講堂的氣氛。當然，除非我們是超級明星，否則不可能一進場就氣氛嗨到不行到需要適時壓低氣氛，我們老師需要做的是什麼呢？就是把氣氛調整到剛好適合上課的氛圍。

就是比心情中和平靜稍微高一點。在我們上課前，發現同學情緒沈悶，那就先不要上課，中國古代說書人在說書前總會來一段「得勝頭迴」的小故事，利用小故事來吸引聽眾注意和測試聽眾的反映。

一個老師自然不需要如說書人一樣說學逗唱樣樣俱佳，畢竟「說書人」是一個專職表演的行業，而老師卻仍需要兼顧學術研究和各種雜務，但可以把閒聊當成我們的「得勝頭迴」，或真的用心去設計一個和課文、和自己有關的小故事，藉著故事或閒聊吸引學生注意，測試學生今天的情緒反映，在說話的過程中調整師生間的情緒能量。

如果學生們反映不佳，我們沒辦法即時提高學生的情緒，在問明原因後可能得稍微配合壓低自己的情緒能量等級，在上課的過程中逐漸透過誇大的語言或肢體動作，漸漸拉高情緒能量。或利用天馬行空的問題引導，使學生們能逐漸改變課堂上的情緒。

我們都覺得高昂、快樂的能量等級對於課堂是有利的。但其實不完全是這個樣子。以國文課為例，當我們上〈祭十二郎文〉或有關失戀的小說、有關非洲飢荒與難民的文章，我們怎麼能容許學生臉上還掛著微笑嘛！這樣就是學生沒有把情感好好投入到上課內容裡面。

因此，有時跟著上課內容，我們也得試著壓低班上的情緒氛圍，透過聲音、肢體放慢，讓學生嚴肅而認真地帶著同情，思考我們的上課內容。踏進教室後的第一步，老師可以透過閒聊、小故事來測試調整課堂上最初的情緒波動，在上課的時候依據內容，不斷修正彼此情緒的反映。

即使是自然科學類的通識課程，難道也不應該帶一點情感嗎？

例如，介紹高山特有種植物，如果那是跟我們完全不相關的東西，我們何必要去認識它？可能為了認識世界、為了審美經驗、為了生態保育工作。

介紹材料科學……我一直記得大學時修過一門科技類通識課，課名叫「生活中的新材料」，開課的老師不是冷冰冰地介紹物質材料，而是用自己生活周遭可見的事物，引發同學們對材料科學的興趣，像閒聊似地帶出材料科學的種種小故事，相信這位老師上本科系時的情緒能量或態度不是這個樣子的。但他在上通識課時，懂得把心放更柔軟些，懂得觀察學生迷惑的程度和情緒，以調整教學的態度，他顯然在課堂上把師生彼此的情緒能量調整得很好。

或許有人會覺得在課堂上時時感受學生的情緒能量相當困難而且得小心翼翼。其實不然，我們交朋友和朋友說話時，不也很容易從朋友說話的態度、語氣和表情去察言觀色？

因此重點是，教師不能只是教科書的翻譯機，負責為同學翻譯課本、抓重點，偶爾提問去強迫同學思考，教師必須要把心放得柔軟，去正視學生的眼睛，把學生當成朋友。

那麼，我們會發現調整課堂上的情緒能量可能並沒有那麼難。

二、教室是我們彼此的表演場

我們提過有些類型的老師把自己當成教室的主角。

好像確實是這樣，學生可以缺席許多個，但是老師如果缺席課就上不下去啦！但學問是要交給學生的，所以誰能說學生不也是主角呢？

因此，教室不只是老師的表演場。

老師也必須隨時關注到學生有沒有一同在教室裡演出他自己。

聆聽的表演、寫筆記的表演、小組討論的表演、發表想法的表演。

先來說說老師的表演。

曾獲得全美最佳老師獎的隆・克拉克，在覺得學生沈悶時會活力地唱歌跳舞或站在桌子上，吸引學生注意。要讓學生聽我們說話，首先得讓學生注意我們，因此「表演」是老師一項相當重要的能力。

尤其對「通識課」老師而言，大多數的學生都不是被老師預計教學的內容所吸引的，所謂表演不是專指唱歌、說相聲、口技、變魔術之類的表演。當然，我也曾遇過會變魔術的老師，但如果不是興趣而刻意學變魔術，藉以幫助教學似乎也沒有這個必要。

老師的表演最重要的就是吸引學生的目光，用聲音、用誇張的動作都可以。

在我中學時，曾有一位長得有點像頑皮豹的老師，他的表情相當生動，瞪人時常帶著喜感，在課堂上也常做出誇張的表情和大聲說話去吸引學生注意，有時上課到艱澀而沈悶的內容時，他甚至會誇張地跳起來用力拍黑板，或坐在講桌上上課。

我忘記這位老師上的是物理還是化學課了，總之對我來說他上的東西我都聽不太懂，可是他那誇張的表情和動作卻讓我印象深刻，雖然上課就是要讓學生聽懂老師在講什麼，但如果學生都沒把心思放在老師的身上，更別說去弄懂老師在教什麼東西。

因此，老師們必須偶爾學習製造生動的表演效果。聲音、語言內容、表情或動作都可以，這點我們可以常看電視節目的藝人，從那些帶有舞台魅力的藝人身上，學到適合我們的表演方式。

不過，對於一個善於表演的老師，可千萬別忘記了，我們不能做典型「孔雀」的老師，只顧著展現自我，比起利用「表演」去吸引學生的注意，重點是吸引學生們注意之後，我們還得趕緊填塞教學內容給學生。

有時，我常覺得時間不夠用，想好好地講述教學內容，卻不得不停頓下來講些閒話、維持秩序、調整課堂上的情緒能量。相信許多老師也有相同的感受，時間就那麼多，我們得關心學生學習情緒，又得時時讓學生專注於課堂，還得把教學內容傳遞給學生，這真是有點困難的事情。

話說回來，學生在課堂上的表演也相當重要。老師的教學必須有學生的參與，交朋友也必須要雙方都能有默契才行，因此老師得好好要求學生參與。

我很討厭用分數或警告的方式要求學生參與課堂上的表演，不管是預習功課或課堂上的討論，如果時時用分數來制約同學，只怕會養成學生追逐功利現實的想法。但是預習功課這件事，可不是上課時吩咐學生就會記得的。幸好現在有網路，可以時時提醒同學記得預習功課、準備報告。

至於課堂上的討論，如果學生不願意討論或不知道怎麼討論，老師得先「表演」示範給學生看，拋出一個或數個可被思考的問題，然後拋出一、兩個專屬於老師自己的答案，藉此引導學生去思考關於課堂上所引發的種種議題。

當學生「表演」時，老師並不能置身事外，老師得充當導演，不斷引導學生「表演的更好」，同時在學生「表演」完以後，老師得當最佳觀眾，帶頭鼓勵並肯定學生。

每個人都需要被肯定的，我們在課堂上更需要鼓勵和肯定學生的「表演」，讓學生對自己更有信心，甚至引發出興趣來……

記得唸大學的時候，有一門專業科目的期末考卷，整張考卷只有四題申論題，後來老師給我這張考卷九十六分的成績，那對於大學人文科系來說，是相當高且令人驚喜的分數，從此引發我對這門學科的興趣，甚至攻讀碩士時的學位論文就以這門學科作為研究範疇。

我不知道那位老師是不是改錯考卷或一時心軟給了我高分，但由於他給我的分數大大地鼓勵了我，也小小的改變了我的學術生涯。

所以，在學生的「表演」中，不管是預習、聽課、筆記、討論或發表意見，身為一個老師不但是引導「表演」更好的導演，而且要是學生們的最佳觀眾，不吝惜地給所有認真的同學掌聲。

也許老師的某一次掌聲，就小小地改變了某一個同學的志向。

三、由生活或生命經驗引發學生的興趣

藉由誇張的語言、表情或肢體動作，可以吸引學生的注意，可是光吸引學生注意，在老師的教學企圖上還是不夠的，得引發學生對學習或者至少是傾聽我們的教學內容的興趣。

怎麼引發呢？

用和學生息息相關的生活經驗來觸動學生的情感，引發學生的興趣。

例如我們先前提過的，在我大學時修過的那門課「生活中的新材料」，老師所舉的例子或所說的小故事，都跟我們生活周遭的事有關，老師也講到古代戰爭甚至故宮所蒐藏的武器材質，講到從前我們都可能聽過的故事中，那些物品是什麼材料構成的，因為跟我們的生活經驗、生命經

驗息息相關，即使上了這門課覺得好像對中文系學生不怎麼實用，可是仍然相當有趣，會讓人期待下一星期的課程。

而國文老師上有關〈桃花緣〉的愛情故事篇章時，也不妨分享自己的愛情經驗。

一開始的時候，我也會覺得稍有些抗拒，為什麼要在課堂上公開自己的事呢？可是，交朋友必須要交心，把自己的事撿一些可能與課程內容相關的部分說一說，不論經歷和經歷過程的抉擇是否正確，都讓學生更瞭解他們眼前的老師不是一台沒有感情的課文翻譯機、只有貼上「老師」這個標籤的人類。學生眼前的這位老師也是一個活生生有感情的人，是可以談天、做朋友的對象。

所以，老師必須要練習跟學生說說自己的事。

雖然學生在上課時可能對課本以外的閒聊會很有興趣，但和同學們聊生活經驗盡量以老師自身經驗為限，因為太過於聊別人的經驗只會造成八卦流言的傳播，會讓學生有這個老師不夠莊重的想法，而且會讓學生習慣傳播流言和講八卦這種稍嫌惡劣的興趣。

教師分享自身的生活經驗、生命經歷，也期盡量能夠扣緊教學內容，才能藉由學生關注的興趣轉移到課本裡面去。例如，前文提到我在大學就讀時開通識課「生活中的新材料」的老師，他總是以生活周遭的物品或大家所熟知的歷史事件或故事來舉例，透過例子說明材料物質的研發與製造，如何造就了歷史、故事以及我們當下便利的生活。

我們藉由課文傳遞的不能只是平面知識，不論人文學科或自然學科的課程，所傳達的知識都可以是與生命經驗、生活世界和人類情感息息相關的智慧。

因此，老師們必須把自身的生活經驗帶入教學當中，讓學生認識老師，也認識課程內容。

有位老師在某次教學研習時，跟我們教師群分享她的教學經驗，她說老師必須去熱愛我們所選擇傳授的課文，才能把這份熱情傳達給學生。我們不能說，老師已經是大人了、老師已經畢業了可以不必愛課文，可是你們這些學生必須好好熱愛我們上課的內容。

這位老師指出，身為教師必須對學生顯示對教學內容的愛與熱情，才能夠感染到學生身上，直接說出我們對教學內容相關的生命經驗，或者依據自身經驗編一個故事與學生分享，相信會讓平面的課文有些生動。

例如，數學課的老師講解某一個算式時，講講從前自己學解這個算式時的經驗、講講從前自己考數學的經驗，或者自嘲當時自己笨，因為一個正妹同學不斷熱心教導自己學會算這個算式，才開始熱愛數學，結果成為一個數學老師……。

相信會讓學生對於這個數學老師、這個計算過程更印象深刻些。

不管怎麼枯燥乏味的課程，我們在學習它或接觸它的時候，必然可以有些生活經驗上的小故事來跟別人分享。例如，我在大學時感到枯燥乏味的中國思想史佛學部分，若我也開課上思想史課程的佛學部分，也許可以跟大家說說那年老師還是大學生的時候老師上到這一個部分，全班有好多同學都在打瞌睡，那時大家可都不敢光明正大趴在桌子上睡覺，每個人強力撐著眼皮，但其實已經神遊物外了。

或者是大學的聲韻課，雖然我對聲韻學可說是近乎愚昧的程度，可是當年教我聲韻學的可是一個外國人，一個不必打扮就像聖誕老公公的外國人。

或是大部分人覺得老古板的《論語》，每個人國中都上過《中國文化基本教材》中《論語》的篇章。當年國中時，我頂著近乎光頭的小平頭，拿著被自己塗鴉的小板凳和文化教材課本，也很無聊地和同學依照老師規定到大禮堂去聽課，那時真的覺得很無聊……，結果讀到碩士班、博士班，還是得讀《論語》……這時終於稍微發現《論語》的趣味了。大家不覺得《論語》裡的人物相當鮮明嗎？例如子路、顏淵和子貢，子路的武力值恐怕高的嚇人，可以跟《水滸傳》裡的英雄一較高下，而且子路智力也不低……。

坦率地與學生分享自己的生活、想法，不要當一個戴著嚴謹面具的老師，這樣在原本嚴肅的教學上，學生和老師都會覺得有些趣味，而這樣的趣味不是建立在老師平時蒐集的「玩笑故事大全」，而是我們生命當中曾發生的事、自己感受的事。

老師樂於和學生分享自己的生命，學生在課堂上也會樂於分享自己，離開學校畢業後也會習慣對人坦率、無私分享，我們也許可以稍稍期待，這樣的分享影響可以是遠大的。

四、做朋友的底線

誠然，「做學生的朋友」分享生命經驗和生活知識相當重要！但教師與學生因為身分的關係，還包含傳遞知識的任務，因此必須稍微區分一下教師與學生的關係。例如，每個老師在剛開學時對學生公布的學期規定：上課遲到十分鐘以內算缺席、一學期不能缺席超過幾次之類的……。

不過，學生會演出的意外狀況永遠比老師預期的還多。

例如，上課時使用平面電腦或智慧手機玩遊戲app、班上平均三分之一的同學都晚十分鐘進教室、打瞌睡情況嚴重、偷讀其他的書籍、假借討論之名的聊天、各種理由的請假……。

因此，每次開學時想和同學們簡單地「約法三章」，到頭來發現得規定繁瑣才能維持課堂上的秩序；為了執行那些繁瑣的規定，得花教師們相當大的心力，所以後來我放棄執行大部分繁瑣的規定，只是簡單告訴那些有擾亂上課秩序行為的同學，我不喜歡這樣。

以一個朋友的身分告訴學生，朋友在說話時，請專注聆聽朋友在說什麼！這是給對方的尊重和禮貌。

當然在最初的約定，我們都應該要遵守的。就像朋友間所做過的承諾，我們不能背叛朋友的信任，應該如實完成。當然，我們不能因為學生不守上課秩序而去懲罰學生，朋友間沒有相互懲罰的權利，但我們可以中止上課，等待學生修正我們認為錯誤的行為。

做學生的朋友並不是完全包容、好好先生般地看待學生的種種行為，我們除了做學生「見識多聞」的年長朋友，也需要做「剛正直諫」的朋友。尤其在現代社會，大部分的人對待朋友都盡量和和氣氣，更需要老師稍微扮黑臉，做一個肯說「實話」、「不好聽話」的朋友。

但糾正同學的學習秩序，並非中止上課等待學生修正錯誤行為就可以了。

得稍微犧牲老師的休息時間，在下課的時候和這位同學好好聊一聊，確認對方的心態和想法究竟是什麼？

沒有人願意放棄自己、放棄學習或放棄和某個對自己友善的人對話的機會。

如果做一個老師不是只有威嚴，而是真的肯柔軟自己的心和學生交談，那麼學生多半會稍微講一點話。

在我的課堂上，有一些擾亂上課秩序或上課態度不太好的同學，我都曾一一花下課時間或回家後在網路上跟他們溝通。

有的同學是直言對這門課沒有興趣，這時當然得花時間好好溝通。我將我的課程當成認識世界、認識生命和分享彼此的內容，我從這個角度出發試圖引發學生的興趣，希望學生不要如此抗拒上課，雖然我們知道有些課程可能對我們人生未來沒有幫助，但是誰知道呢？多帶著一些知識進行人生旅行、多一些準備總是好的。相信每個老師都對自己開設的課程有一套說詞，但重點是，好好地對這樣的學生訴說，一對一當成朋友這樣說，而不是用老師對學生的身分來說，學生才可能更感受到我們關心對方的誠意。

有的同學可能因為打工上夜班的關係精神不好，這時可能得稍微關心一下對方的經濟狀況。每個學生都有他們背後的故事，我們老師不是只是「講台上的那個人」，而學生也不是「只有露在座位上那上半身的臉孔」。如果老師沒有深入去理解學生的故事，就可能不知道他為什麼這樣、為什麼上課不認真！

因打工而導致學習情況不佳的同學，有可能是因為家庭經濟狀況不好，必須自立更生甚至還得負擔家計。這種情況可能是我這樣小小的老師無法解決的，我會把這種情況轉告助教，看校方有沒有比較輕鬆的工讀機會或清寒補助方案；另一種打工情況則只是學生想賺更多錢，當然在這種情況，站在教師的立場，會希望學生專心讀書就好。

可是，千萬不要直接否定年輕學生的看法！因為我們不是神，我們不能保證我們所有的建議都是正確的，說不定這位學生在夜市服飾攤打工做出興趣，反而能闖出一番大事業，說不定那位學生在速食店打工，最後當上了店長甚至分區經理之類的重要職務……。

老師在課堂以外的地方，最重要的是傾聽，傾聽學生在說什麼、想什麼，老師要做的只是適時修正學生的想法，提出或許能當參考的建議，因為學生的想像力和實踐力說不定遠遠地超過我們。

不要限制學生的思考，讓學生自己下判斷。

當然，在好好聊過天之後，不管學生的決定如何或有沒有改變學生的想法，對方會發現老師重視他們，通常他們也會更重視老師以及老師在課堂上所傳遞的知識。

所以，好好地注視學生的眼睛，拋去「老師」的身分，以朋友的身分去交談，告訴學生，講台上的這個「我」究竟在想什麼？我們彼此在教室中的學習活動一定要大家認真參與。

雖然我們無法保證上課的內容在往後的人生上有用得到的地方。
（也沒有人可以保證，我們完全用不到上課的內容……）
但至少像看一場電影、上圖書館走一圈，我們都不希望彼此把時間白白浪費掉。

第四章　從交談到知識傳遞

即使我們逐一地做大多數學生的朋友，教師上課的主要活動仍然是在講台上、在那短短的上課時間裡，因此怎麼最大化地利用講台做教師的表演場，是很重要的事。

例如前文提到的典型「孔雀」老師，這類型的老師就很擅長在講台上表現自我，其他情緒類型的老師應該學習「孔雀」老師的舞台魅力（當然其他情緒類型也有其優點），在講台上讓學生注意到自己。

身為老師讓學生很容易注意到我們的方式就是大聲說：「注意到老師

這邊……」或類似的話，但這樣的提醒只能短暫引起學生注意，我們老師本身必須早已準備好迎接學生的目光，而迎接好學生目光、讓學生注意力集中在老師身上，不是平常認真備課，掌握教學內容就好了。

其實學校裡常舉辦演講，有些講者是國內外知名學者或大企業家，講話非常有內容，可是真正能引起台下聽講的聽眾興趣的講者並不多。或者，我們去旁聽了某位知名作家老師的課，才發現這位作家老師真正精彩的內容都在書本上。因為他講話語氣平板、上課不夠生動，真正對上課內容有興趣的學生並不多。

反之，有些演講者的演講沒什麼內容，但卻能激勵人心，讓人覺得聽完之後體內熱血澎派，這就是「舞台魅力」。

所謂在學校內的教學，通常指「講演」形式的教學，也就是老師站在講台上利用口說、板書或投影片、教具等方式來傳遞學問。因此，老師必然得是個「演講者」、「表演者」。

在我中學的時候，有位國文老師很棒，他不但下課時可以跟學生打成一片，凝視學生時的眼神透露出對學生的熱情和忠誠，上課時也樂於表演，將課文隨手摘取一段，就能夠「說學逗唱」演出文字的片段內容。

他總是把全班逗著不想下課，但這位老師有個奇怪的規矩，準時上課，更準時下課，不願意耽誤任何同學下課的休息時間。

現在仔細回想起來，還依稀能記得他講解課文的聲音，渾厚帶著活潑和戲劇性的喜感。他是一位相當棒的演員老師，把課本裡艱澀的古文用表演的方式，逗趣地詮釋出來。

我以為，現代一般的老師是學生的朋友，也是一個服務生，為學生服務的服務生；他也是學生的導演，導演出學生在學習生涯的好戲。同時，老師也必須是一個演員，在講台上為學生表演出一齣齣的教學情節。

但如果我們在情緒人格分類上，比較偏向「獅子」、「無尾熊」或「貓頭鷹」，根本不像「孔雀」那樣善於展現自我，那該怎麼辦？

其實，我也是一個害羞的「無尾熊」老師，但我們一旦站在講台上，就得盡量克服種種不適合老師的情緒，像職棒選手一踏上比賽的棒球場，昨天晚上和老婆吵架或正在和女友冷戰的事情都得先丟一邊，就像拳擊選手踏上比賽擂臺，如果再想著對手以外的事，肯定會挨揍……。

我們來想想以老師作為職業的人踏上了職業的舞台——教室裡的講台時，我們需要已經做好什麼準備？

一、確定自己是個表演者、演講者

在我還是菜鳥老師的時候，經常流連於學校ＢＢＳ的網路上。有一次看到ＢＢＳ上討論某年輕小說家到學校演講，因為這位年輕小說家儼然是年輕族群的代言人，所以學校許多學生都跑去聽，聽完年輕小說家的演講後，大家意猶未盡地在網路上討論，盡是讚美這位小說家演講相當有趣，演講中穿插許多和學生生活相近的漫畫、電影作為佐證，講話笑料不斷，最後有人提及：「如果大學老師上課都能這麼有趣就好了」！

「如果大學老師上課都能這麼有趣就好了」！

這一句話相當震撼我，一個兢兢業業拿到博士學位而且還不斷寫論文的老師，他絞盡腦汁準備上課教材，可是講演的吸引力遠遠比不上一個年輕小說家。

這是為什麼呢？

大學老師上課有沒有辦法像那位年輕小說家那麼有趣呢？

答案是，沒辦法！

因為這位年輕小說家可能一年演講上百場，每次演講的內容都大同小異，演講起來自然駕輕就熟；而老師每週可能要準備五、六門課的教學內容，根本不可能去演練每週上課講演的效果。

而且教師們的學術工作、校務工作相當忙碌，認真的老師們……如我，大概都已經放棄經常看漫畫、打電動或看電影的休閒嗜好。即使偶爾忙裡偷閒，也只能大致瞭解現在流行什麼漫畫或者電動，很難和那位年輕小說家那樣熟悉漫畫或電影等次文化，並且隨手拈來當成進行演講的道具。

而且，一般的演講只要傳遞一個至三個想法，能夠激勵人心就夠了，上一門課得細心規劃這門課的教學目標，並且安排教學進度、評估學生學習的成果。因此，學校老師上課絕不可能如那位小說家演講那般有趣。

但老師們也不該自我放棄，要把自己定義為「課堂上的演講者」。所謂「演講」，就是除了「講授」之外還必須「表演」。

這是什麼意思呢？

就是除了「講授」內容外，還得注意我們的姿態、我們在教室裡的位置、動作和表情。

為了讓學生能注意到老師身為一個演講者，而且在上課輕鬆的氣氛下，老師最好不要固守著講桌，能適時地走動，而且盡量把雙手空出來，讓雙手輔助我們說話。

有人認為，練習演講的最好的方法，就是對著鏡子說話。這樣可以立即糾正自己的怪動作。

我曾試過面對鏡子說話，但這樣非常可笑，因為我們演講或上課時所面對的是一群自己以外的他人，而不是面對自己上課。最好的方式應該是在上課時或演講時，用攝影機拍攝自己的樣子，之後再來一一糾正自己的怪動作。

演講或上課是對眾人說話，因此眼神必須約略觀照到全場才好，如果是上百人以上的場合，當然會比較難照顧到，但最好能在一開始時眼神就掃過所有在場的學生。

在課堂上的學生感受到：「好啦！雖然我們見面的時間不太多，我可能還不記得你的名字，可是我注意到你喲！你來了！」

學生會感受到你的注視的，而你的注視代表你對學生的重視。

請確定自己是課堂上的表演者、演講者，我們是對教室裡的每一個學生說話，我們的聲音得確實傳達到每一個同學耳邊，而我們的每一個動作、姿態，都可能是為了幫助我們演講得更好，能幫助我們把想說的話傳遞給學生。

適時的走動去關心那些可能稍微分心的同學，但也不需要太頻繁走動，讓學生的視線無法跟隨上老師的身影，到最後不知道該看老師還是看課本。

在一般的演講過程中，如果我們羅列太多要點，就像國小升旗典禮時訓導主任的報告又臭又長，體弱的小學生常在大太陽底下罰站聽訓聽到昏倒，而聽眾或學生也可能覺得不耐。

因此，老師們在準備本週的「演講」時，應該也順便列出本週課程的

「演講」主軸、總共有哪些重點。

重點不需要太多，大約一至三點，超過五個要點的重點，恐怕學生就記不起來了。雖然可以對學生有所期待，但也不能期待所有的學生都會抓重點，因此正如一個優秀的演講者到演講結束前會總結、歸納本次演講的內容，提醒聽眾本次演講所得到的收穫。

一個老師在每週上完課前，也可以稍微幫學生整理本次上課的重點，幫助那些不做筆記的同學或不那麼會做筆記的同學釐清本次上課的收穫，也能夠在反覆提醒的過程中，幫助學生加深學習的印象。

讓我們再問一次，教室裡為什麼會有講台呢？

就是要讓老師能站在比較高的講台上對學生做講演，我們不但要有條理地講述教學內容，還必須運用肢體語言加深學生的學習印象。

當我們站在講台上的時候，我們就得學習如何做表演！

二、聲音的訓練

當我們踏上了教室的講台，我們的聲音就得確保教室內所有學生都聽得見。

現在幾乎每所學校教室都可以使用麥克風，即使老師的聲音再小聲都能夠傳得出去，可是我們仍必須仔細地調整我們說話的音量，而不是全然依靠麥克風。

讓我們來想像一下，我們跟一個朋友說話的聲音，然後再想像一下我們跟兩個朋友說話的聲音，接著讓我們想像對五個朋友同時說話的聲音。

除了聲音大小之外，音調也會不一樣吧？

因為對越多人說話，彼此之間的對話距離就會越遠，為了確定對方能夠聽到我們的聲音，我們必須在音調上有更明顯的差異，讓每一個人都能夠清楚聽到我們所說的每一個字。

這種說話方式在我們小學時候的發音練習並不會教到，而是我們自然而然就學會的一種說話習慣，可是當我們站上講台後，突然進入了一個平常生活不太會進入的情境，或者沒有一次跟這麼多人講話的經驗，可能就忘記了拉大音調差異、將某個字詞加重音，讓字音更加清楚的說話方式。

如果我們仍是小聲說話、只用麥克風放大音量，對學生而言，聽起來會有什麼效果？

聽起來會讓覺得「眼前這個人並不是對我說話，眼前的這個聲音只是不知道對誰說話，他只是把音量放大讓我也聽得到而已。」因此，身為一個老師不能只依賴麥克風，必須真的「用心向全班說話」，說話的節奏依據教室裡人數的多寡作調整，說話的音調依據人數而有些微差異。

說話的時候就想像著聲音從自己嘴巴裡，彷彿把東西拋出去似的，拋物線狀地傳到教室裡的每一個學生耳朵裡。這需要不斷練習自己面對群眾說話的方式，而上課的時候就是我們最好的練習場，全然倚靠麥克風的擴大音量功能，反而減損了我們靠聲音傳遞知識的功能。

除了在教室裡對學生講課的音量和音調，與平常我們對朋友說話的方式不同外，我們對聲音特質的分析還能區分出「渾厚」、「扎實」、「圓潤」、「甜美」、「柔和」、「空靈」、「氣虛」和「沙啞」等，你會是用什麼樣的聲音上課的老師呢？

讓我們回想一下情緒人分類，並試著對應聲音特質：

「獅子」老師：渾厚、扎實

「孔雀」老師：甜美

「無尾熊」老師：柔和

「貓頭鷹」老師：空靈

當然，這種分類不是絕對的，但可以參考看看。「獅子」老師聲音渾厚、扎實，有一種令學生臣服、聽從的霸氣；「孔雀」老師聲音比較悅耳、甜美，吸引人傾聽；「無尾熊」老師聲音柔和，彷彿一種默默守護學生的信賴；「貓頭鷹」老師聲音比較理性空靈，分析繁瑣的東西相當有條理。

當然，每個人的聲音都可能有渾厚、柔和或空靈的時候，當我們在與學生對話的時候，應該適時地調整自己聲音的特質，以符合教學的內容。

聲音也可以表達一個人的情感，既然教師是一個演講者、表演者，利用聲音來表現自己也是相當重要的課題。

例如，表現憤怒的聲音時，說話節奏緩，多半利用喉腔共鳴，強調每個字詞的重音；強調哀的感情，通常利用到鼻腔共鳴，音調略高，尾音語調會壓低，每個字的音調可能會拉長；表現樂的心情時，通常用顱腔共鳴，聲音音調顯得高，說話節奏變快，每個字音相較較短，每個字停頓的語氣會加重。

做學生的朋友！

透過聲音的情感表達訓練，使自己也能夠在講台上自然表現自己的情緒，是非常重要的事。教師對教學內容有感情、對學生關懷，光是「說」出來，有可能被誤認為生硬的台詞，因此得稍微透過聲音技巧的訓練，好好將自己的聲音情緒做定位。

所以一個好的老師，可能是一個愛講話的老師。

平常愛跟學生講話，即使孤單一個人的時候也可以不斷練習咬字發音、唸唸路邊的招牌，試著把一點情感趣味都沒有的店號招牌唸得有趣味、試著把原本就簡潔有力的廣告詞唸得更震撼人心。

聲音對於教室內的教學是非常重要的。

我們教師總是在上課時同時對每個學生說話，而怎麼讓每個學生都感受到聲音中傳達的情感，而真正發現老師是熱情地想要把教學的內容傳達給他們，這有賴於我們對每一段落字句聲音的磨練。

教師不必然是聲音的專家、像電台主持人那樣講話流暢動人，但我們可以盡己之能，努力做到我們可以做到的最好。

那麼，誰說我們的聲音不能對學生的學習產生一些小小的幫助呢？

三、教師的外表和衣著

隆・克拉克在他的著作《優秀是教出來的》這本書當中提到：「老師想要受到專業人士般的敬重，穿著舉止就應該像專業人士。」他指出教師穿著正式一點，調皮的學生也會比較乖巧。

而我們看見蘋果公司創辦人賈伯斯生前在產品簡報會上總是穿黑毛衣、牛仔褲，以為他是一個穿著求輕鬆、隨性的人。但據聞當他三十歲左右被趕出蘋果公司，為了創立新公司向銀行借貸資金時，也注意到自己該西裝筆挺顯示專業。

我想，除非自認在專業上非常傑出而廣受眾人敬重的老師，否則都應該在上課時穿著正式，舉止嚴謹像一個專業的老師。

但就我觀察，在一個大專院校內，會穿西裝的可能除了校長，就是商學院的部分老師，而在中小學裡，大概只有校長可能經常穿西裝。

由於台灣處於亞熱帶，天氣濕熱，大部分的老師很少穿西裝。但重視自己的打扮相當重要，有些男老師上課穿拖鞋、穿涼鞋，難免會讓學生覺得不夠莊重；部分年輕老師刻意打扮成跟學生一樣，雖然可能和學生互動較融洽，但學生會隱約只是把這位老師當成好相處的朋友，而不會尊重其老師的專業。

在我讀大學的時候，有個老師總是在研究室裡做研究，幾乎以研究室為家，因此時常看見他從研究室穿拖鞋走出來。

平常也看這位老師穿得相當休閒，天氣較冷的時候通常上半身就是襯衫加上學校發的運動外套。可是，每次上課他總是會換上皮鞋，把運動外套換掉，換成西裝。

有一次在研究室裡和老師閒聊，很好奇地提出關於他衣著的問題：「為什麼上課前看見老師時是穿運動外套，可是轉眼間老師上課進教室就改穿西裝外套呢？」

老師回答我，改穿西裝外套是對自己教學的尊重，也是對學生受教的重視。雖然其他老師可能不以為然，但他願意堅持這件事情。

雖然我只是修過這位老師幾門課，可是當時這位老師對於衣著的重視非常震撼我，例如男女朋友約會時穿的服裝，女孩子精心打扮也是為了表示自己重視對方的心。

假如跟不怎麼重要的人見面，或只是去便利商店買東西，我們可能就隨便穿衣服，不重視打扮。

但如果約會、相親啦！見未來的岳父岳母或公公婆婆等重要的人，我們肯定會注意自己的服飾……每個人都肯定穿著正式，代表我們重視對方的態度。

那麼，每一個教師都重視自己的學生嗎？

相信沒有一個老師會說不重視自己的學生，那麼我們應該把每次上課都當成重要的約會那樣打扮自己。

很多跟演講技巧有關的書，都會告訴我們，我們的體型、容貌、服飾和髮型，都會牽涉到演講者對聽眾的影響力。

除非我們已經像蘋果公司創辦人賈伯斯那樣，擁有一定的品牌和知名度，刻意製造某種屬於自己的形象（黑高領毛衣、牛仔褲），否則最好還是中規中矩地注意自己的衣著和形象。

再說起上課時的衣著，還記得有一次我上課時剛好上到有關「劍道」的課文，因為我碩士班時曾參加過劍道社，我就穿著劍道服去上課，教導學生在課堂上揮舞竹劍。那是一門早上八點的課，大多數同學都昏昏欲睡，我的穿著果然吸引了部分同學的注意，結果那天的國文課同學的反映比平常稍微熱烈一些。

刻意去配合課文而改變穿著，偶爾為之似乎還蠻好的，但教師終究不是表演的藝人，如果常絞盡腦汁去設想我們該穿什麼衣服才能引起學生們最佳的反應，倒有些捨本逐末。

就我個人的想法，中小學的教師穿著可以更加休閒、輕鬆，讓學生覺得老師和學生沒有太大隔閡，而不會討厭上學。而大學教師上課的穿著，應該能以顯現自己的專業為主，除了讓學生學習尊重學問外，也讓大學生能夠以教師為模仿的對象，也開始學習認識衣著在人際互動過程中的重要性。

我們可能從小教導孩子們：內在美比外在美更重要。然而我們必須告訴學生，重視自己的外在形象是重視自己以及重視對方的表現。

良好衣著所形成的外在形象，是一種禮節。

老師應該率先透過衣著表現對學問傳承的重視、對學生的重視。

然而，其實這種外在形象也不僅限於衣著外表，甚至連老師們個人專屬的辦公桌或研究室，只要是屬於學生看得到的空間，都會影響到教師在學生心目中的樣貌。當然，老師也不必為了塑造自己的教師形象，而刻意將研究室或辦公桌收拾得相當整齊，只要我們願意成為什麼樣的老師。很多我們平常忽略的地方，常會變成學生評論的焦點。

所以再回到最初隆・克拉克老師所講的這句話：「老師想要受到專業人士般的敬重，穿著舉止就應該像專業人士。」

我們得先讓自己看起來像專業的老師，讓自己的衣著更專業，才可能讓學生信任老師、尊重老師。

四、ＰＰＴ簡報

我們習慣用ＰＰＴ來協助教學，是從多久以前的事開始？

記得我在讀大學的時候，大學四年好像只有兩、三位老師使用ＰＰＴ來教學，但後來ＰＰＴ使用在演講教學上越來越普及，因此ＰＰＴ使用得好或壞，往往決定這個講者是否為一個成功的講者。

仔細研究一下市面上ＰＰＴ簡報技巧的書籍，也可以發現對ＰＰＴ運用在演講或簡報上所注意的技巧已經不太一樣了。

五、六年前的ＰＰＴ簡報書籍認為，ＰＰＴ是一項非常重要的簡報工具，可以透過文字、圖表來輔助演說，演說者應該盡量利用ＰＰＴ把繁複的文字數據化、圖表化，藉以幫助口頭說明。

作者也強調必須要加一些小圖示，避免畫面單調，但不要用過於複雜的圖片使聽眾分心，在投影片切換間的變化，最好可以選擇不同的動畫效果，讓聽眾不會覺得一陳不變。

然而，就我參加教學研習的情況，許多講師或大專院校的老師只是把演講內容塞到ＰＰＴ投影片上，把投影片當成一次性的上課講義來運用，事實上，這樣使用ＰＰＴ的效果相當的差，因為投影片上密密麻麻的文字，聽眾通常得花三到五分鐘才能看完，如果聽眾專心閱讀文字卻又忽略掉講者精彩的談話內容，演講的效果就打折扣了。

有些講者非常用心製作投影片卻放了大量圖片，人類的眼睛較容易被圖片吸引，所以反而讓圖片變成了演講的主軸。

近年來大部分關於ＰＰＴ簡報的書，已經不再那麼推崇ＰＰＴ是一個非常重要的簡報工具，在簡報中或演講中還是以「人」作為主體。蘋果電腦創辦人賈伯斯的ＰＰＴ簡報通常備受推崇，我們研究賈伯斯生前在蘋果公司發表新產品的ＰＰＴ簡報時，可以發現賈伯斯的ＰＰＴ簡報相當精簡，文字通常只是一個標語、一個口號。

連數字的分析比較都很少出現，如果ＰＰＴ簡報中出現圖片，通常只有一兩張圖片，這圖片就是整幅ＰＰＴ簡報的主角。

賈伯斯的ＰＰＴ簡報精簡到一種極致，因此觀眾的注意力才能集中在賈伯斯的身上，讓賈伯斯的舞台魅力帶著蘋果公司的產品一起發光。

我們的教學也是一樣。

假設我們有豐富的ＰＰＴ簡報內容，那麼學生一下子得看課本、一下子看螢幕上的ＰＰＴ簡報，他們什麼時候有空看老師？什麼時候有空聽老師講話？

更何況我們不能要求每個學生在一堂課五十分鐘內都非常專心一致地讓目光在課本、螢幕、老師間不斷移動。

這對學生而言不啻是艱難的挑戰。

老師，要做學生的朋友！

要站在學生的立場來考量。我們設計內容那麼豐富、字數那麼多、圖案和表格繁雜的ＰＰＴ簡報，那麼……我們還要買課本做什麼？

老師應該用最簡單的ＰＰＴ簡報，讓ＰＰＴ簡報成為師生教學現場的提醒，而不是把ＰＰＴ簡報當成教學的主軸。

在戰場上的戰士不應該拿不熟悉的武器。

老師在使用ＰＰＴ簡報這種教學利器時，也更應該理解ＰＰＴ簡報在教學效果的呈現。就我的觀察，如果ＰＰＴ簡報的內容超過50個字以上，大概在演講會場上就會產生聽眾閱讀吃力、聽眾的耳朵趕不上講者說話的速度、聽眾倦怠分心的現象。

在我們的教學現場，老師和學生的授課不應該制約於ＰＰＴ簡報，真正「做朋友」的人是老師和學生，我們不是和「ＰＰＴ簡報」做朋友。因此，老師們如果發現學生注視ＰＰＴ螢幕的時間長於注視自己和課本時，這代表我們的ＰＰＴ做得很差，我們得重新考量我們設計ＰＰＴ的方針。

再提醒一下，我們的教學現場重點在「人」、在彼此的交心，ＰＰＴ簡報千萬不要做得太過複雜、太過花俏、太多小圖案，簡報、上課或演講的重點都是在人與人的對話，而非那被投影得炫麗華美的大螢幕上。

第五章　最重要的事在教室外

當一週的課上完了或一學期的課結束了，大多數的任課老師都會認為師生關係也暫時結束了。但我們知道如果我們上的這門課對學生有影響、有幫助，學生真正的收穫和成長是在課程結束後。

身為一個老師，當然希望能夠確保我們的教學會對學生產生些許正面的影響，即使是一個通識課的老師，對非專業科系的學生也會有所期待，我們都不希望老師站在講台上一學期、學生坐在座位上一學期，結果什麼收穫都沒有。

因此，在教學當中最重要的事，是發生在教室外面。

在教室外面，學生怎麼想才是最重要的。

這一點我在某所學校兼課的體會最深刻。過去曾經負責大一國文課程統籌的老師告訴我，我班上學生對我的教學現況可能有些意見，希望我多關懷學生一點。於是，我發了匿名問卷調查，結果回收回來的問卷都是寫我教學的優點、寫好聽話，這讓我相當困惑。

後來和其他同事聊天，才發現很多學生即使是匿名的問卷也怕老師生氣，因此都只敢寫老師想要聽、喜歡聽的話。

後來和學生一起吃飯聊天，也在網路上和我互動比較熱絡的學生傳訊息，才漸漸搞清楚學生在想什麼。

這件事讓我想到「最重要的事是發生在教室外面」，而且「和學生做朋友是一件相當重要的事情」！

那麼……有哪些事情是發生在教室外面呢？

我們可以從幾個方向來看。

一、讓學生印象深刻而且震撼的作業

我曾經舉例我在大學時上過一門「生活中的新材料」的通識課，這麼多年來，除了老師上課的方式外，就是老師規定的期末作業讓我印象深刻，讓我在這麼多年以後仍然能約略想起那門課給我的感動。

作業是老師要求學生實作並檢核自己學習成果的一種方式，當然我們無法總是要求學生認真作每一份作業，但如果學生認真完成了作業以後，老師會很希望這份作業能對同學往後的日子產生一些正面的影響。

所以呢？老師在設計作業的時候，也要抱持著慎重的心情，尤其是通識課程的老師在設計作業時，我們通識老師設計作業的目的，並非希望學生透過一次次不斷的練習去熟悉專業能力，而只是想讓學生透過作業的練習，理解到自己學到什麼、加深學習的印象。因此，通識課程的老師即使出作業不宜太多，但作業應當讓學生印象深刻。

我兼課學校的同事們曾經因為課文裡有封外國傳教士的家書，而出了這樣的作業：

請學生懷著感謝的心寫封信回家給父母親，或照顧自己長大的人，寫好後由老師密封貼上郵票把信件寄回家……。

其中一位同事曾在一場教師研習，分享到這個作業甚至感動了學生家長，學生家長特別到學校來向他致意，這顯然是通識課中一個不但讓學生印象深刻，而且讓家長感觸良多的好作業。

而在另一場教學討論會上，另一位同事分享了她給學生的作業：

要求學生放假時回家採訪自己的直系長輩，記錄家族的故事。

我看見這位老師收回來的作業，都圖文並茂、相當精采。事實上，這份作業的重點並不是書面的呈現，而是學生在採訪自己父母、爺爺奶奶的過程中，能夠有一段充裕的時間放下書本、電視遙控器或滑鼠，好好地跟家人聊聊天，正視家人曾經發生過的情事。

學校裡的通識課程就是引導學生暫時抽離專業科目，藉以認識專業以外的生活世界。在通識課程的作業，老師們應該引導學生更深邃地去思考生活、生命世界，思考課程與生活、專業的差異與會通。

作業是發生在教室以外的事情，但作業往往是我們對一門課印象最深刻的內容。例如，我還記得大學時通識課「戲劇概論」的期末作業，是演一齣戲、忘記課名叫什麼的電腦網路課等兩樣作業，第一樣是利用BBS系統寄信，第二樣是製作一個屬於自己的Web網頁、「應用文書」課程的期中作業是寫企畫案，期末作業則是小組通力合作完成一本書。

我不知道有多少老師會知道一個好的課後作業會讓學生記得很久，雖然那些作業可能對往後的日子沒什麼用處，但也許就像每一次的畢業旅行，旅行完了又有什麼用處？沒有用處呀！卻是心靈經歷過的一個美妙記憶。

作業也是我們心靈一次內在的旅行，確認我們在學習過程中抵達到什麼地方，我們自己改變了多少、學到了多少智慧？

所以老師們出作業的時候，不應該以方便成績考評為主，而應該以讓學生能夠在作業的實作中獲得深刻印象，讓學生透過作業的回憶，聯想起我們在上課時上過什麼樣的課程內容；如果我們老師在上課的時候有一種信念，希望十年、二十年以後，班上每一個學生多少還能記得他們在校園裡上過這門課，而且屆時他們還對這門課的一兩句話、一篇課文或一個作業印象深刻，我們應該會用更慎重、謹慎的態度來上每一堂課，出每一份作業。

因為作業需要學生親自動手，所以學生會記得更深，但我們出的作業除了讓學生印象深刻外，最好能讓學生有延續性的思考和活動空間。例如，前文提到我同事出的作業「給照顧自己的人一封信」，能開啟學生和家人間重新好好溝通的橋樑，採訪家族的故事能讓學生能對自己家人或家族的事產生興趣。

說到這兒，不知道會不會有人對我大學時修的那門通識課「生活中的新材料」到底出了什麼期末作業感興趣？

那年「生活中的新材料」的期末作業是：

不管用什麼形式或內容，請從本科系專業的想法出發，交出一份與「材料科學」相關的作業。

很酷的題目吧？讓學生可以自由聯想、自由發揮和創造的作業，而且又可以結合本科系所學和通識課程的內容！可是也有點難寫，如果平時沒有好好上課，對本科系專業科目又不夠認真的學生就很難發揮了！

這位老師大膽地設計了這個期末作業，考核了通識課所學也考驗了同學的專業能力……最後，我交了怎樣的作業？

我交了一篇有關古代鑄鼎的短篇小說，後來還投稿報紙副刊，賺了一點點微薄的稿費。

二、互動的管道

在大學裡，有的老師非常嚴守師生份際，下課就幾乎不和學生互動，即使學生有問題想去敲老師研究室的門，老師通常以「我有點事忙，下次需要跟我預約時間」來保留自己的休息時間。

在學生時代，偶爾會遇到這種在下課以後就很難遇到的老師，那時我就會懷念起那位為了尊重學生受教權，堅持在上課前換好西裝外套才去上課的老師，如果有任何同學去敲這位老師研究室的門，不管這位老師在忙什麼，也不管這位同學和老師平時是否熟絡，他一定停下手邊的工作，用紙杯和咖啡即溶包為同學泡咖啡。

這位老師的研究室裡沒有飲水機，他得拿著兩個紙杯到外面學校飲水機裝熱水，學生推辭說不喝咖啡或「老師我來幫你！」他都予以拒絕，這位老師是真誠地歡迎每個學生來研究室找他，而且熱情地把每個學生都當成朋友般地歡迎。這位老師是研究古典小說的，雖然我對這個範疇的文學研究不是有很大的熱忱，而且他不是特別具有魅力的「孔雀」老師，可是我很喜歡去拜訪這位老師，因為感覺他真的很友善地並且帶著尊重去對待每個學生。

開設一門課的老師和舉辦一場演講的講者不一樣，社會期許老師即使在下課後也應該有時間和學生互動，《優秀是教出來的》的作者隆・克拉克主張要把電話號碼給學生，通常學生都不會特意打來騷擾老師，反而能促進師生間良好的互動。

記得中學的時候有一位老師，她說她把電話號碼給學生後，學生打來開玩笑的趣事：

有一天下午我接到一通中獎的電話，對方要我唱他們公司的廣告歌曲，只要唱對了就送我豪華的電器產品，所以我就唱歌了……沒想到，唉呀！隔天到學校來才發現是你們學長的惡作劇。

在我讀中學時還是一個沒有什麼電話詐騙的純樸時代，這位老師和學生相處得蠻融洽的，因此學生會打電話來惡作劇，然而老師也絲毫不介懷這種事，才會在每一屆班級的課程裡分享這一則趣事。

但一般而言，在大學裡面教師和學生的關係比較疏離，學生們在生活上覺得新奇有趣的事情很多，通常打電話給老師時，都是有緊急的問題想要詢問。

當然，除了電話聯繫方式，師生間最常使用的聯絡方式應該是E-mail（或某些學校有E化教學系統的聯繫管道），但是就我的經驗而言，以一個開設通識課老師的立場而言，如果我們不先寫信給學生，學生幾乎不可能運用這項聯絡方式來跟老師討論或分享事情。

我們教過那麼多學生，學生應該多少會有些問題，為什麼都沒有人寫E-mail來？

因為大多數學生對老師或通識課老師都有個既定的印象：我們只是來修學分的，老師很忙，他們只要給我高分讓我平平安安拿到學分，最後我們可以畢業就好了。

因為在大多數學生眼裡，老師們除了上課外，總是忙著跟研究所學長姊說話、跟其他同事說話、忙著寫論文、忙著作研究計劃、忙著辦活動、忙著開會，於是大學老師對他們而言，只是送分數、送學分的「角色人物」，而老師們只在上課時正眼看待教室裡的學生，和教室裡學生說話更落實了他們心中的想法。

因此老師們得真正「做學生的朋友」！敞開心胸並且多開放一點時間、多開放一些溝通的管道給學生。而且，為了打破學生認為老師嚴肅而冷漠的刻板印象，這樣做還是不夠，我們得率先伸出友善的手。（我想到有一年農曆過年，我正想著除夕以後傳簡訊向指導教授拜年，沒想到指導教授先傳簡訊過來祝我新年快樂，這種教師「率先」的動作讓我感動好久……）

在我嘗試率先利用E-mail和兼課學校的E化教學系統寫信給學生後（關於信件部分內容可參考《教室外的國文課》和《站在桌子上的國文課》兩書），也開始有學生願意寫信給我，和我分享一些關於課程或生活的種種問題，學生的回饋和反應往往會出乎老師的意料之外，那是教師在教學之餘很棒的收穫！

當然，不一定每個老師都必須使用Email來和學生對話，但讓學生知道我們的善意、率先伸出友善的手，是非常重要的。

在現在網路發達的時代，很多老師會利用部落格或臉書（facebook）社團作為師生溝通的平台，並且在臉書社團裡出作業要學生回答並且評分。

我也有為了教學方便而成立臉書社團，但我不建議強制學生們一定要加入臉書社團，或者要學生在臉書上寫作業。

為什麼我會這麼想？

假使現在把我們放在學生的位置，我們會對老師們強迫我們加入臉書這件事有什麼感想呢？

「臉書」是我跟朋友、家人聊天的地方，現在被老師規定得上臉書寫作業，我覺得好累、好辛苦哦！而且我這學期修了十門課，有四門課的老師通通叫我們要加入他們的社團，其中三個老師規定每星期上課前得在社團網頁留言寫作業。

這樣大學四年下來，我在臉書上可能要參加三、四十個讓我感覺到有壓力的社團……

當朋友最重要的是站在對方的立場著想，有的老師也希望在網路上能保有私人空間，那麼我們應該也能體會到在強制力下，學生可能不是那麼情願和老師在網路上溝通。

我們希望「做學生的朋友」！但不能「強迫學生做我們的朋友」！

假設學生自己願意悠遊自得於網路上、享受自己的生活，對自己的學習和人生都有相當棒的規劃，而且正一步步地去實踐它，教師們何必為了無愧於自己的薪水和教師身分，而去讓對方感受到我們的關懷呢？

我們可以友善地建立起種種課後互動、溝通的管道，但應該注意這樣互動的管道不會給大多數的學生帶來壓力。

三、「引起興趣」的美好經驗

教學，最重要的事情是在課程之外，甚至是在學校之外。

在大學裡的專業課程當然是為了培養學生的專業知識，讓學生往後的人生可以充分利用所學規劃人生。而通識課程在需求跨領域人才的當今社會更顯得重要。舉例來說，一個中文系背景的出版社編輯，突然接到一本天文類圖書、科技類書籍或植物圖鑑之類的編輯工作，如果她曾經在大學通識課裡接觸到相關的知識，即使印象模糊都能比較容易上手。蘋果公司創辦人賈伯斯在大學時也因旁聽了書寫課，讓他在研發電腦字形時創造出更美的電腦字形出來。

一個通識課老師不但應該對本身傳授的學問有熱忱，而且要對那些非本科系的學生有熱忱，盡力去引發他們對專業以外學科的興趣，說不定廣博的通識教育未來會成為學生生活上的一股助力。

因此，讓學生發現教學內容的趣味，引發學生的學習「興趣」是重要的。

「興趣」是促使我們去學習某樣特定事物的動力。

「興趣」可以讓學生在沒有考試和成績壓力的課程之外，仍持續鑽研某種學問。

試想，我們有多少興趣是朋友帶著我們養成的？

假設我們有喝咖啡的興趣，第一杯咖啡是和家人或者朋友一起喝的？

假設我們有經常上電影院欣賞最新上映的影片，從什麼時候開始有這樣的興趣？

小時候我們是否曾經有過一段蒐集橡皮筋、彈珠或遊戲卡的興趣，這也是在那些童年玩伴間培養出來的流行。

除非學生本來就對這門課程很感興趣，否則一個嚴厲或嚴肅的老師是不可能引發學生的學習興趣，只有對學生友善如朋友、如家人的老師，才可能在課堂上培養出學生對教學內容所傳遞的知識產生興趣。讓學生在課程之外、學校之外，還能夠藉由興趣繼續持續這門課程所傳達的學問或技能。

我們都希望我們上課的東西對學生而言多少沒有白費，因此老師除了「教學」之外，必須期許自己能夠和善地對待學生：「做學生的朋友！」

真正把心放柔軟，發現自己的教師特質並感受學生的需求，讓自己不再是高姿態的老師，而是能純粹和學生交談，把教學內容轉化成一種可以培養的興趣，或學生在往後生活當中一個美好充實的回憶。

這將是讓許多老師回想起來都會泛起微笑的美好經驗。

新・座標14　PF0112

新銳文創
INDEPENDENT & UNIQUE

教育現場
——做學生的朋友

作　　者　楊　寒
責任編輯　林千惠
圖文排版　彭君如
封面設計　秦禎翊

出版策劃　新銳文創
發 行 人　宋政坤
法律顧問　毛國樑　律師
製作發行　秀威資訊科技股份有限公司
114 台北市內湖區瑞光路76巷65號1樓
電話：+886-2-2796-3638　傳真：+886-2-2796-1377
服務信箱：service@showwe.com.tw
http://www.showwe.com.tw
郵政劃撥　19563868　戶名：秀威資訊科技股份有限公司
展售門市　國家書店【松江門市】
104 台北市中山區松江路209號1樓
電話：+886-2-2518-0207　傳真：+886-2-2518-0778
網路訂購　秀威網路書店：http://www.bodbooks.com.tw
國家網路書店：http://www.govbooks.com.tw

出版日期　2013年4月　初版
定　　價　200元

Printed in Taiwan

國家圖書館出版品預行編目

教育現場：做學生的朋友 / 楊寒著. -- 初版. -- 臺北市：
新銳文創, 2013. 04
面； 公分
ISBN 978-986-5915-67-4 (平裝)

1. 班級經營 2. 師生關係

527 102003737

讀者回函卡

感謝您購買本書，為提升服務品質，請填妥以下資料，將讀者回函卡直接寄回或傳真本公司，收到您的寶貴意見後，我們會收藏記錄及檢討，謝謝！

如您需要了解本公司最新出版書目、購書優惠或企劃活動，歡迎您上網查詢或下載相關資料：http:// www.showwe.com.tw

您購買的書名：______________________________

出生日期：________年________月________日

學歷：□高中（含）以下　□大專　□研究所（含）以上

職業：□製造業　□金融業　□資訊業　□軍警　□傳播業　□自由業

□服務業　□公務員　□教職　□學生　□家管　□其它_____

購書地點：□網路書店　□實體書店　□書展　□郵購　□贈閱　□其他

您從何得知本書的消息？

□網路書店　□實體書店　□網路搜尋　□電子報　□書訊　□雜誌

□傳播媒體　□親友推薦　□網站推薦　□部落格　□其他__________

您對本書的評價：（請填代號　1.非常滿意　2.滿意　3.尚可　4.再改進）

封面設計____　版面編排____　內容____　文／譯筆____　價格____

讀完書後您覺得：

□很有收穫　□有收穫　□收穫不多　□沒收穫

對我們的建議：______________________________

____

____

____

請貼
郵票

11466
台北市內湖區瑞光路 76 巷 65 號 1 樓
秀威資訊科技股份有限公司 收
BOD 數位出版事業部

（請沿線對折寄回，謝謝！）

姓　名：＿＿＿＿＿＿＿＿ 年齡：＿＿＿＿ 性別：□女 □男

郵遞區號：□□□□□

地　址：＿＿＿＿＿＿＿＿＿＿＿＿＿＿＿＿

聯絡電話：(日) ＿＿＿＿＿＿＿＿ (夜) ＿＿＿＿＿＿＿＿

E-mail：＿＿＿＿＿＿＿＿＿＿＿＿＿＿＿＿